O Livro de Orações à Deusa

TEXTOS E ILUSTRAÇÕES
CLER BARBIERO DE VARGAS

SÃO PAULO, 2015, PÓLEN LIVROS

Copyright © 2015 by Cler Barbiero de Vargas
Todos os direitos reservados.

O texto deste livro foi editado conforme as normas do novo acordo ortográfico da língua portuguesa, em vigor no Brasil desde 1º de janeiro de 2009.

Editora
Lizandra Magon de Almeida

Projeto gráfico e diagramação
dorotéia design
Coordenação
Adriana Campos, Tamy Ponczyk
Assistente de arte
Nicolle Favacho

Ilustrações
Cler Barbiero de Vargas

Revisão
Lizandra Magon de Almeida

Impressão e acabamento
NywGraf

Todos os direitos reservados pela Pólen Livros, 2015
Av. Brig. Luiz Antônio, 2050, cj 81
São Paulo - SP - CEP 01318-002
Tel.: (11) 36756077
www.polenlivros.com.br

Vargas, Cler Barbiero de.
  O Livro de Orações à Deusa / Cler Barbiero de Vargas / texto e ilustração – 1ª.ed. – São Paulo : Pólen, 2015
  128p.

  ISBN 978-85-98349-23-7

  Inclui Bibliografia

  1. Livro de Orações. 2. Mitologia I. Título.

14-01752   CDD 291.13/220.5082/242.32

Pela Terra, para a Terra –
a Grande Mãe de toda vida.

Para todas as maravilhosas mulheres que habitam este planeta, por sua graça, sua força e sua incrível capacidade de receber, fertilizar e cuidar. Para seus homens, parceiros imprescindíveis.

Para meus filhos, Bernardo e Enzo, que estão crescendo com a Deusa plenamente presente em suas vidas.
Que todas as crianças do mundo possam receber esta Parte Sagrada em seus corações.

Para minha mãe e meu pai, a quem eu devo o fato de estar aqui e agora!

Gratidão

Às pessoas que, de forma direta ou indireta tornaram este projeto possível:

A Mirella Faur, que me inspirou com seu *Anuário da Grande Mãe* e agora me dá a honra de prefaciar este livro.

À Pólen, que, com seu cuidado de artesãos e seu amor aos livros, tornaram possível esta Visão.

A meus filhos, família e amigos pela paciência quando eu estava imersa no processo criativo deste livro.

A Mônica Giraldez, minha iniciadora no caminho da Deusa, e todas as outras pessoas que me mostraram as estradas que levaram a Ela.

A todas as mulheres que já sentaram em Círculo sob a minha orientação como "Irmã-Mais-Velha". Sua confiança e sua entrega foram sempre inspiradoras para mim!

Aos meu Guias e Mestres Espirituais pela presença, pela paciência e pela confiança.

"Permite que haja em ti beleza e força, poder e compaixão, amor e humildade, gozo e reverência. Tu, que anseias me conhecer, deves saber que tua busca não será proveitosa, a menos que conheças o mistério: se o que buscas não encontras em ti, nunca o acharás fora. Eu tenho estado contigo desde o início dos tempos e sou a obtenção final de teus desejos."

Antiga oração à Deusa, em versão de Starhawk

Sumário

Prefácio, por Mirella Faur 12

Apresentação. A memória ancestral do Matriarcado 18

Introdução. Por que um livro de orações à Deusa? 22

A importância de convidar o Princípio Masculino Divino, o Consorte da Deusa 26

As Deusas e suas orações 28

    Afrodite, A Deusa Grega do Amor 30

    Amaterasu, A Deusa Japonesa da Luz 34

    Atena, A Deusa Grega da Sabedoria 38

    Bast, A Deusa Egípcia do Sol 42

    Cerridwen, Deusa do Submundo da Bretanha, Senhora do Caldeirão 46

    Deméter, Deusa Grega das Colheitas, da Vegetação,
dos Frutos e da Fertilidade da Terra 52

    Durga, A Deusa Hindu da Guerra 58

    Gaia, A Grande Mãe Grega, Deusa Primordial – Mãe Terra 64

Iansã, Deusa Afro-brasileira do Vento e do Trovão 70
Inanna, Deusa do Amor, da Guerra e Rainha dos Céus. Deusa da Vida (Suméria) 74
Ísis (Au Set), Senhora da Lua Egípcia, Mãe do Sol, Rainha Suprema 80
Kuan Yin, A Deusa Chinesa da Compaixão 86
La Loba, A Catadora de Ossos (México, América Central e do Sul) 92
Lilith, Rainha dos Céus (Suméria) 98
Nanã, Deusa-Avó dos Pântanos (Afro-brasileira) 102
Virgem Maria, A Grande Mãe dos Cristãos 108
Jeová, O Grande Deus Pai dos Hebreus 114

Arte curativa: Parindo-me artista aos 48 anos de idade 119
Palavras finais: Quando a Deusa falou comigo 125
Biografia 124
Bibliografia consultada 126

Prefácio
por Mirella Faur

Presentes em nossas memórias atávicas durante milênios e latentes na nossa imaginação mítica, registros soterrados e esquecidos de uma Deusa primordial estão voltando à luz (do Sol e da nossa consciência), por meio das pesquisas e revelações arqueológicas e antropológicas dos séculos XX e XXI. Imagens e estatuetas de deusas emergindo das entranhas da terra anunciam cada vez mais o ressurgimento da Deusa e são um verdadeiro chamado para nos lembrar do passado e efetuar mudanças em nosso modo atual de pensar, sentir e agir. Não foi a Deusa que se afastou de nós, fomos nós que, ao nos rendermos aos conceitos e valores patriarcais, a relegamos ao ostracismo e ao esquecimento, negando a sua existência e sacralidade.

Porém, a evolução cíclica da Roda do Destino seguiu o seu curso e observa-se atualmente, no mundo todo, o ressurgimento dos valores e da busca do Sagrado Feminino, como uma necessidade de cura profunda da psique individual e coletiva, fragmentada e ferida pela dicotomia da racionalidade. A emergência da Deusa na consciência ocidental trouxe uma nova/antiga visão da Terra, favorecendo o surgimento da hipótese Gaia (da interdependência de todas as formas de vida no planeta), das preocupações ecológicas, das terapias xamânicas e naturalistas, do surgimento e crescimento dos movimentos ligados à sacralidade feminina, da retomada dos antigos rituais para honrar, celebrar e consagrar a Terra. Somente uma espiritualidade ligada aos valores de Gaia irá permitir o resgate da verdadeira identidade do ser humano, ao reconhecer e integrar o princípio sagrado feminino e expressar esta fusão em atos de reverência, compaixão, proteção, respeito, preservação e amor à vida e à natureza.

Presenciamos uma crescente divulgação da espiritualidade feminina na literatura, arte, música e terapia; cada vez mais livros são escritos (principalmente por mulheres) sobre mitos, arquétipos, práticas, percepções, visões e rituais da Deusa. Há um renascimento das antigas tradições greco-romanas, egípcias, nórdicas, celtas e xamânicas. Expandem-se as práticas de magia natural, os ritos de passagem femininos, a comemoração dos plenilúnios, a criação de círculos sagrados de mulheres, as celebrações públicas por grupos mistos nos solstícios e equinócios, a divulgação da Antiga Tradição e de novos enfoques para reverenciar e cultuar a Grande Mãe. Surgem novas terapias baseadas na sabedoria ancestral como o uso de argila, cores, pedras, cristais, plantas, florais, parto natural. Confia-se e busca-se cada vez mais o auxílio de parteiras, doulas, benzedeiras, curandeiras, xamãs, conselheiras espirituais. São divulgados e ensinados conhecimentos sobre vários tipos de yoga e meditação, reiki, fitoterapia, aromaterapia, tarô, runas, oráculos e tantos outros. Mulheres estão pintando imagens de deusas vistas em sonhos e visões, enquanto outras têm revelações por canalização e intuição de novas formas de ajudar, empoderar e curar as mulheres.

 Ao longo de séculos, mesmo na escuridão da perseguição e das violências, pessoas alcançaram "milagres" pelo uso correto da oração. A oração é um meio para transmitir e receber energia de um ponto para outro, em busca de alento, alegria, inspiração, força, cura, auxílio, paz e graça. Descrita como "força vital universal", esta energia é um vórtice vivo e vibrante que existe em todo o universo e está ao alcance de todos. Se o poder da oração fosse compreendido e praticado diariamente, não somente a vida das pessoas iria mudar, mas o mundo inteiro. A oração é um ato de fé que busca ativar uma ligação, uma conexão, um pedido, um agradecimento, uma manifestação de reconhecimento ou, ainda, um ato de reverência e gratidão diante de um ser transcendente ou divino. Ela pode envolver o uso de palavras espontâneas ou decoradas, mantras ou repetições de certos sons, visualização de um determinado arquétipo divino ou sobrenatural, para "falar", desabafar, pedir, ouvir ou agradecer. Existem diferentes formas de oração, como a de súplica, adoração, gratidão, louvor, em busca de orientação ouvida ou intuída, para alcançar um determinado objetivo, seja em benefício próprio ou para o bem dos outros seres ou do planeta, sem tentar interceder de forma específica, apenas pedindo para que o plano divino encontre o melhor caminho para ajudar. Segundo Mahatma Gandhi a "oração é a chave que abre a porta da manhã e fecha a da noite. Ela é o meio mais potente de ação, mas requer, sem dúvida, uma fé viva. A fé nasce na calma do espírito, na contemplação e no trabalho. A oração não deve ser dirigida apenas para invocar ajuda. É também louvor, glorificação e um ato de purificação".

A real e atual crise na Terra é a falta da energia espiritual e a oração seria o melhor meio de ajudar solucionar essa crise, independentemente de para quem você ora: Deus, Deusa, o Grande Espírito, o Pai Céu, a Mãe Terra, Orixás, Anjos, Santos, Guias, Devas, Mestres ou ancestrais. O amor e a fé são mais importantes do que a crença – a oração não pertence apenas aos escolhidos, ela é o direito de nascimento de todas as pessoas. Desde que haja fé, ela pode ser vista como uma canção da alma que expressa luz ao seu redor, que ajuda elevar, curar e beneficiar todos e o Todo. É importante lembrar-se de honrar e abençoar as dádivas que a Mãe Terra nos oferece diariamente, em todas as circunstâncias, ocasiões e momentos, nem sempre como recompensa ou resposta, mas como aprendizado ou desafio para o nosso crescimento.

A oração é como uma pedra lançada em um lago, as ondas se espalham até que alcancem o outro lado e depois voltem para ao centro. Assim como a luz ou a eletricidade, a oração trabalha no plano invisível, por isso não devemos especificar o que pensamos ser o melhor para nós, mas orar, confiar e aguardar, deixando que a energia divina e universal aja ao nosso favor e para o bem maior.

Como as antigas orações à Deusa se perderam por não terem sido preservadas, seus templos foram destruídos e as sacerdotisas proibidas de orar para um Deus-Mulher, nós precisamos de novas orações, de novos ritos e práticas devocionais. Todas nós, mulheres que seguimos, honramos e reverenciamos a Deusa, estamos criando, re-criando e recuperando antigos rituais, com mantras, invocações e orações para as Deusas, para que Elas se sintam honradas e amadas como eram há milhares de anos, nos mais distantes pontos geográficos das culturas antigas. Assim procedendo, podemos aguardar que "a magia volte para a Terra e a Grande Mãe esteja novamente entre nós".

No surgimento dos latentes dons femininos – espirituais, intuitivos e curativos – no Brasil destaca-se a valiosa contribuição de Cler Barbiero. Personificando o despertar e a doação da "curadora ferida" – pela presença de Quíron e Saturno no signo de Peixes e na casa da saúde e trabalho no seu mapa natal – Cler recebeu das Senhoras do Destino tanto o desafio para seu ressarcimento cármico (através da sua doação amorosa em benefício da "Grande família"), quanto a dádiva para fazer bom uso de seus influxos planetários. Ela conseguiu alcançar o equilíbrio entre determinação, coragem e impulsos arianos com a suavidade intuitiva da sua Lua libriana e a tenacidade taurina conferida pela presença de Vênus neste signo. A "Senhora da Floresta" a abençoou com vontade, tenacidade e determinação em alcançar seus alvos pela força sagitariana dos seus asteroides, e a deusa Héstia cuida da sua chama sagrada, que brilha firmemente na busca dos ideais aquarianos. E como Senhora dos Caminhos, a deusa Hécate rege o arcano da sua vida, que floresce com a clareza da sua missão e a essência rosa do amor transpessoal.

Conduzida e instruída pela deusa Gaia e uma equipe de seres espirituais, Cler criou um amplo e diversificado sistema de essências florais, cuja mandala inclui os polos opostos (mas não antagônicos) dos princípios feminino e masculino, Deusas e Deuses simbolizando consciente e inconsciente, *anima* e *animus*, Lua e Sol, geração e criação, sustentação e proteção, numa perfeita sintonia e complementação com as energias alquímicas dos elementos da natureza. Esta intensa e exaustiva dedicação e produção parecem que não foram suficientes para a sua realização pessoal, curadora e espiritual. Pois, logo em seguida, o seu lado Arqueira a conduziu para desbravar outro horizonte, enveredando no caminho da arte criativa. Surgiram assim as telas intuídas e "vistas" na sua visão interior, num borbulhar inesperado e intenso, revelando – possivelmente – um talento oriundo de uma existência anterior. Este desabrochar foi conduzido pela energia de Deméter e Perséfone, a Mãe e a Filha divinas, que desde seus antigos cultos embelezavam a terra com cores, formas, frutos e aromas, para nutrir, proteger e curar. As telas resultantes – denominadas de "Florais de parede" – são autoexplicativas, mas devem ser sentidas com o coração, pois a pintura delas é espontânea, sem ser canalizada, tendo sido criada com o uso de mantras, orações e Florais da Deusa. Elas podem servir como vórtices de emanação de energias de cura para o ambiente, telas de fundo nas meditações e sustentação nas orações individuais.

    Orações? O Universo ainda tinha uma tarefa para Cler? Sim, mas desta vez ela não foi conduzida diretamente, pois as orações que deram nascimento a este livro foram criações próprias – não canalizadas – que foram se repetindo tantas vezes na sua mente e cotidiano até que resolveu escrevê-las. Ela escolheu as Faces da Deusa com quem mais se identificava, todas elas fazendo parte dos Florais da Deusa. Trabalhar sua alquimia criou uma espécie de "intimidade especial" e a profunda conexão, além de lhe proporcionar a entrega e o alento em poder "falar" com Elas. Estas orações que Cler oferece para as suas irmãs se beneficiarem, assim como ela, podem ser usadas como se fossem "litanias modernas", que contemplam anseios, necessidades e angústias da mulher contemporânea. Favorecendo um culto diário à Deusa e fazendo parte da Espiritualidade Feminina, as orações podem se tornar mantras, que criam campos energéticos favoráveis para a mulher se alinhar, fortalecer e direcionar a energia da oração para os seus objetivos. Não podemos mudar o mundo, mas podemos cuidar, proteger, auxiliar e preservar aquilo que está ao nosso alcance e de cujo equilíbrio depende a nossa sobrevivência.

Um grande mérito do livro de orações escrito por Cler consta na sua forma clara, amorosa e eficiente de criar orações para Deusa, sem nenhuma influência das orações tradicionais. Por ser a Deusa multifacetada, imanente, permanente e refletida em miríades de formas, cores, aspectos, atributos, possibilidades e qualidades que se manifestam no universo telúrico, torna-se muito mais fácil e acolhedor para uma mulher orar para uma Deusa como Mãe, Filha, Anciã, Protetora, Guerreira, Curadora, Semeadora, Senhora da Terra, da Lua e do Sol, da vida e da morte. Rezar para Deus é muito mais desafiador e distante por ter que "expor-lhe" questões e questiúnculas do intricado, complicado e desafiador mundo feminino atual, com as dificuldades ligadas ao cotidiano das mulheres para gerar, nutrir, cuidar, apoiar, providenciar casa, comida, sustentação, lutar e vencer na arena da árdua luta pela sobrevivência, realização ou sucesso. São múltiplas e inúmeras as questões do universo feminino, que apenas uma mulher pode compreender, compadecer e ajudar com o seu sempre disponível amor maternal.

Cler nos trouxe uma grande contribuição, colocando à nossa disposição orações para algumas das antigas Deusas da Ásia, Europa, África, culturas indígenas e até mesmo trouxe na faixa da Mãe Divina o reflexo do Divino Masculino. Ter um pequeno resumo inicial sobre a cultura, o arquétipo e o mito de uma determinada Deusa, seguido da oração a ela direcionada – para uma finalidade ou objetivo específico – torna a oração muito mais fluente, sem precisar pesquisar ou definir quem é a Deusa e como a mulher pode lhe pedir ou agradecer por uma ajuda, conquista ou solução. A gama de possibilidades é ampla e variada e qualquer mulher pode orar por amor, alegria, saúde, sabedoria, fertilidade, força, reconhecimento, proteção, compaixão, libertação, cura, poder, magia, visão ou simplesmente, e sempre, expressando a gratidão.

Assim como a Mandala dos Florais da Deusa foi um projeto totalmente inovador e abrangente, também as orações para a Deusa acompanhadas das telas – que ampliam o aprofundamento na energia divina daquele arquétipo – oferecem à mulher contemporânea uma forma acessível, bela e completa para orar para a Deusa. Conectando-nos com o rico universo sagrado e feminino, poderemos curar as cisões e feridas individuais e coletivas, promover uma nova ética baseada em valores espirituais e na reverência pela vida, buscar soluções pacíficas para a nossa sobrevivência e convivência, realizando assim, em nós e ao nosso redor, o Casamento Sagrado: da luz e da sombra, do espírito com a matéria, do animus com a anima, da razão com a emoção, do Céu com a Terra, da Deusa com o Deus.

Que seja assim!

Apresentação
A memória ancestral do Matriarcado

"A Deusa está imersa nas profundezas do inconsciente coletivo e pessoal; qualquer sistema de pensamento ou prática que pretenda abrir o inconsciente permitirá visualizá-la." **Vicki Noble**

Durante 30 mil anos de nossa existência neste planeta, desde a Era Paleolítica, a humanidade era matriarcal, quase em sua totalidade. A divindade era feita à imagem da mulher. O Deus patriarcal, único e onipotente, que não tem uma Deusa Consorte a seu lado, foi uma realidade que levou mais ou menos mil anos para se estabelecer e é relativamente jovem: tem 7 mil anos.

Marija Gimbutas, uma arqueóloga dedicada a descobrir e catalogar imagens da Deusa, reuniu um acervo impressionante que mostra o culto à fertilidade ao longo de diversas eras e culturas. Segundo a versão de muitas autoras e muitos autores estudiosos do assunto, a mulher, principalmente por sua capacidade de gestar e pelo mistério da menstruação, por suas qualidades lunares e cíclicas e por sua capacidade de trazer melhorias em prol da sobrevivência de seus rebentos (a tecelagem, os potes cerâmicos para cozinhar, a agricultura e a irrigação são criações femininas), foi sempre vista como uma manifestação da Divindade. Nessas culturas matriarcais, a Sacerdotisa ou curandeira era o centro da comunidade – ela podia ter bens, realizar transações e contatos com outras tribos e os filhos recebiam herança e nome da família da mãe.

Diz Vicki Noble: "Em tempos antigos, a veneração à Deusa era acompanhada por uma cultura centrada na mãe".

Nancy Tanner, comparando o desenvolvimento humano com o dos chimpanzés, supõe que a inovação-chave para o desenvolvimento humano desde nossos ancestrais símios tenha sido a coleta de plantas e pequenos animais, como insetos, para compartilhá-los com suas crias.

Segundo esse ponto de vista, a cultura emergiu, em parte, do ato de se preocupar com os outros e coletar a generosidade da terra, e não do ato de matar. Suas deusas ofereciam nutrição e acolhida.

Nesse período e até depois do advento do Patriarcado (na Grécia Antiga, por exemplo) a Terra e a Natureza eram vistas e sentidas como a Grande Mãe.

A experiência de uma Mãe Sagrada provedora está em nosso inconsciente coletivo. Em torno de 7 mil anos atrás, tribos guerreiras foram subjugando as tribos matriarcais e, lentamente, através do "casamento" do Deus invasor com a Deusa local, com a subsequente retirada de poder desta, o patriarcado foi se estabelecendo. Uma estratégia extremamente bem-sucedida, especialmente a da Igreja Católica, foi construir igrejas dedicadas à Virgem Maria nos locais onde havia templos da Deusa. As imagens de Ísis com o menino sagrado Hórus foram substituídas por Maria com o Menino Jesus. Os festivais e as datas comemorativas da religião da Deusa foram substituídos por festivais dedicados a santos, e assim, ao longo desses 7 mil anos, o patriarcado estabeleceu-se como religião vigente primordial, com exceção dos países orientais, onde a Deusa é honrada até hoje, ainda que a mulher tenha deixado de ser vista como "pérola do colar da Deusa" e manifestação de Seu Poder na Terra, e tenha entrado igualmente no sistema de opressão e menos-valia que ainda vigora em muitas de suas comunidades.

Nos últimos 500 anos, destruiu-se mais a Terra do que em todo o resto de tempo em que nós, humanos, habitamos este planeta. Quando deixamos de considerar o planeta como mãe, quando começamos a achar que toda a natureza e todos os seres pertencentes a ela são de "segunda categoria", colocados aí para servir "os reis e as rainhas da criação" (nós, é claro), o desastre começou. Eu posso matar, destruir e poluir algo que é separado de mim, que é escravo de meu bem-estar e do meu prazer.

Quando nós, como humanidade, começamos a ter medo do futuro e a nos sentirmos fora de uma Unidade com a Mãe Terra, nossa segurança básica se rompe. Restaurar a presença da Mãe Divina em nossa vida, permitir que a Deusa caminhe novamente sobre a Terra, recebê-la em nosso altar interno e externo, é condição básica para a restauração em nossa crença no futuro.

Sejamos homens ou mulheres, quando estamos conectadas(os) com a Mãe Divina, nossos sensos de merecimento, de pertencimento e de valor se ativam. Os homens e as mulheres estão perdidos um do outro porque a Deusa foi alijada do coração humano.

Todo o trabalho dos Florais da Deusa, projeto por mim cocriado e de cuja Chama Sagrada sou guardiã, está dedicado à restauração do caminhar da Deusa na Terra. Seus passos precisam retecer a teia da vida e trazer de volta o reequilíbrio planetário. Sem o senso do cuidar, do receber e do respeitar os ciclos, tão presentes na cultura e nos costumes matriarcais, não há esperança para as próximas gerações. O senso de abundância, de fertilidade e de completa presença do Sagrado em nossa vida diária é um segredo que é descoberto quando abrimos o baú ancestral e lá, luminosa e sorridente, encontramos a Deusa.

Introdução
Por que um livro de orações para a Deusa?

Quando comecei a redescoberta do Caminho da Deusa, vi-me com dificuldade de orar para Ela. Parecia que eu estava "traindo" Deus! Afinal, nós, ocidentais, crescemos ouvindo que um grande momento evolutivo da humanidade foi quando destruímos os "ídolos de madeira e ouro", isto é, as representações das divindades naturais pagãs. Porém, vendo isso do ponto de vista psicológico e espiritual, acredito hoje que esse tenha sido um momento de "involução", quando deixamos para trás alguns arquétipos fundamentais na nossa conexão com este planeta e com as outras pessoas. O feminino e o masculino internos são construídos à imagem e à semelhança dos modelos femininos e masculinos que temos em nossa vida, mas também — e de forma importante – a partir dos mitos e das imagens divinas que habitam a psique e o inconsciente coletivo.

Como define Sylvia B. Perera, "Em si mesmo, os arquétipos são irrepresentáveis, mas aparecem na consciência sob a forma de imagens e ideias arquetípicas. Trata-se de padrões ou motivos universais que vêm do inconsciente coletivo, sendo o conteúdo básico das religiões, das mitologias, das lendas e dos contos de fadas. Manifestam-se nas pessoas por meio de imagens de sonhos e visões".

O ser humano ancestral, assim como a criança, percebe o mundo mitologicamente, isto é, ele vivencia o mundo predominantemente formando imagens arquetípicas que projeta a partir dele. A criança, por exemplo, vivencia em sua mãe, em primeiro lugar, o arquétipo da Grande Mãe, ou seja, a realidade de um Feminino numinoso (divino) e onipotente do qual essa criança é totalmente dependente, e não a realidade objetiva e pessoal dessa mãe – a mulher historicamente individual –, aquela que surgirá como figura da mãe para essa criança, quando mais tarde esta tiver desenvolvido o seu ego e a sua consciência.

E como é quando um arquétipo é "alijado" de uma cultura? Quando o Deus não tem mais uma Consorte e cria o mundo por si mesmo? Como fica um mundo interno apenas com uma das polaridades presente?

Acredito que para nos sentirmos mais inteiros e totais, além de mais amorosos, flexíveis e receptivos, precisamos despertar a Deusa ou, como dizem as pessoas que fazem parte do Movimento do Ressurgimento do Sagrado Feminino, precisamos ter a "Deusa caminhando de novo sobre a Terra".

Eu vejo as diferentes faces da Deusa em diferentes culturas como manifestações de qualidades que temos dentro de nós e que igualmente buscamos despertar e implementar.

As orações são formas de nos dirigirmos às nossas próprias "partes divinas", que podem ser despertadas e chamadas para trabalhar a nosso favor. De todo modo, não há face divina que possa fazer a mudança por nós. Esta é a nossa parte. Igualmente, atrair aquilo que nos corresponde ou que desejamos também é nossa tarefa. Orar para a Deusa é comunicar ao Universo e àquela FAIXA DE VIBRAÇÃO o que desejamos. É uma forma poderosa de ESTAR ALINHADO com o que estamos desejando para a nossa vida. Além disso, orar nos faz sair da posição de vítimas – que esperam sentadas o "destino" se completar – e assumir a posição de pessoas ativas, que fazem alguma coisa a respeito do que desejam.

Orar a mesma oração, com as mesmas palavras, dias e dias, é um MANTRA que vai criando um campo energético favorável. Ao mesmo tempo, vai mudando nossa percepção sobre o que oramos, pois nos sentimos CONECTADOS à divindade, e não apartados dela.

Criei este trabalho há alguns anos, num momento de minha vida em que tinha caído numa das piores armadilhas para um buscador: o controle. Tinha acesso a tanto poder e tanta guiança espiritual, sabia como "moldar" a energia nos meus trabalhos de cura e tantas vezes tive a Deusa plenamente manifestada em minha vida, especialmente durante o feitio dos Florais da Deusa, que achei que poderia controlar os relacionamentos e "moldar" a energia espiritual para não sofrer e para não ter de confrontar minhas velhas feridas e minhas novas perdas. Mas a vida mesmo me ensinou, com inúmeras perdas e resultados desafiantes, que não existe tal coisa: controle é só um gasto inútil de energia, NUNCA funciona.

Então tive de reencontrar a entrega, o não julgamento, a confiança. E nasceu a necessidade de orar, pois me sentia desconectada das diferentes faces da Deusa e do Deus, seu Consorte Sagrado, que Ela tinha revelado para mim. E me vi diante de uma realidade: não havia suficientes orações para a Deusa! Especialmente orações que contemplassem os nossos desafios, os desafios das exigidas mulheres modernas e suas múltiplas faces: mulheres, mães, filhas, amantes, irmãs, cunhadas, companheiras, amigas, profissionais e tantas outras que assumimos nesta sociedade cujo balanceamento emocional está assentado firmemente sobre o equilíbrio emocional de suas mulheres.

Comecei a anotar as longas, exaltadas e apaixonadas orações que costumava fazer à Deusa. As orações que me faziam sentir acolhida, cuidada e, principalmente, as orações que me ajudavam a comunicar a todos os interessados, no Plano da Luz, quais eram minhas necessidades e meus anseios de crescimento. E que me colocavam completamente "on-line", modo internet rápida, com a minha amada e preciosa Mãe Divina!

Pensei nas outras mulheres que, como eu naquele momento, muitas vezes se sentem sobrecarregadas, confusas, sem clareza, sem acesso à sabedoria interna ou de seus ancestrais, tomadas por toda a sensibilidade e a emoção que são de nossa natureza. E quis oferecer estas orações para elas. Essas guerreiras cotidianas, essas amantes do amor, essas fontes de força inesgotável que por vezes precisam de alento, esperança e fé.

Ao escrever as orações, e recitando-as em meu próprio benefício, fui recolocando minha relação com a Divindade no lugar certo: sem controle, com entrega, com confiança e, mais do que tudo, sem esperar nada em troca. Sabendo que ser atendida ou não em meus pedidos é questão de merecimento, justiça e entrega a essa Guiança que sabe do que realmente preciso – que pode ser muito diferente do que eu PENSO que preciso.

Muitas vezes, o que pedimos tão ardentemente se revela algo que nos danifica ou fere. Então, confiar na sabedoria daqueles que nos guiam e na nossa própria sabedoria interna – no nosso núcleo divino – penso ser o melhor caminho.

Orar é uma forma ancestral de conexão com a divindade. Relembrando como honrar faces do Grande Ser – sejam femininos ou masculinos – é uma forma poderosa de atrair, alinhar-se e, às vezes, apenas ser grato por tudo de maravilhoso em que nos transformamos ou que temos em nossa vida. E, às vezes, situações tão desafiantes se apresentam que a única forma de não "quebrar" por dentro é encontrar um lugar tranquilo, puxar um livrinho e orar com toda a fé, porque há situações nesta vida em que não temos nada a fazer a não ser nos entregarmos e confiarmos.

Que você possa se beneficiar desse contato com a Grande Mãe tanto quanto eu tenho sido beneficiada.

Foi escrito para Ela e para Você!

A importância de convidar o Princípio Masculino Divino, o Consorte da Deusa

Tenho acompanhado e iniciado muitas mulheres no Caminho da Deusa. É sempre muito recursador encontrar com todas essas Faces Poderosas da Grande Mãe como espelhamentos internos. Mas fico preocupada, às vezes, com o fato de algumas mulheres, especialmente as focalizadoras, transferirem suas feridas e mágoas com o masculino para o Patriarcado e seus Deuses. Penso que não poderemos realmente curar e ter a Deusa plena sobre nossa amada Terra se o Seu Consorte Sagrado não estiver ao Seu lado. Seguir o Caminho da Deusa não é exilar o Princípio Masculino – o Deus –, pois isso seria cometer o mesmo erro do Patriarcado, que tentou (e conseguiu em parte) apagar a presença da Deusa nos corações e na memória das pessoas.

Nos Florais da Deusa, primeiro eu recebi 36 Deusas, e pensei que isso era tudo. Mas quando chegou a Virgem Maria, Ela ancorou e "puxou" os 36 Deuses que vieram a seguir. Não foi fácil para mim ancorar essa faixa de vibração que eu também identificava com minhas próprias feridas e questões com o masculino.

Precisei da manifestação das emanações de 36 Deusas anteriores para estar preparada para o que viria a seguir. Na Mandala dos Florais da Deusa, a Deusa e o Deus são o centro, representando o Consciente e o Inconsciente. E é isso que faz desse Sistema algo tão poderoso dentro da psique humana – o feminino e o masculino em harmonia, como base para processos de cura e equilíbrio.

Este é um livro para a mulher moderna, com seus imensos desafios, orar para a Deusa. Mas é também um livro para os homens, porque a Deusa sempre convida a presença de seu Amado Consorte – pois essas são polaridades indivisíveis.

As mulheres eu convido para abrir o coração para Ela, porque, através disso, abrem o coração para Ele – seja um Deus ou um homem. Os homens seguidores da Deusa ou querendo se encontrar com Ela, que sejam abençoados! Como é dito no Ritual da Flecha da Oração dos nativos norte-americanos: "Eu oro por ti, tu oras por mim, nós oramos juntos!"

Que a Deusa e o Deus possam caminhar de mãos dadas sobre a Terra. Porque eles não são opostos ou inimigos – eles são COMPLEMENTARES!

As Deusas e suas orações

Afrodite

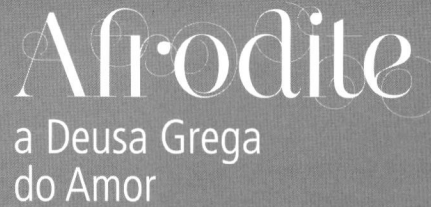 Afrodite
a Deusa Grega do Amor

Cronos, que mais tarde se tornou governador dos Titãs e pai da primeira geração de deuses olímpicos, pegou uma foicinha, cortou os órgãos genitais de seu pai Urano e os atirou ao mar. Espuma branca espalhou-se ao redor deles ficando como esperma e mar misturados, e daí nasceu Afrodite, emergindo de sua concepção oceânica como Deusa totalmente desenvolvida.
As Deusas e a Mulher, de Jean Shinoda Bolen

De acordo com Heródoto, o culto a Afrodite foi introduzido na Grécia pelos fenícios de Canaã. Por sua vez, quando os gregos colonizaram áreas de Canaã, eles se referiram aos santuários de Ashtart como se fossem de Afrodite Urânia: literalmente, Afrodite, Rainha dos Céus.
Inicialmente reverenciada mais como uma multifacetada divindade que dizia respeito a profecias oraculares e à guerra, os gregos helênicos vieram a lembrar Afrodite primariamente como a essência do amor erótico. Essa atitude pode ter sido desenvolvida em resposta aos rituais sexuais associados com deusas como Ashtart, Ishtar, em Canaã e na Babilônia, continuando nos templos gregos de Afrodite, especialmente em Corinto. [...] Mulheres sagradas serviam Afrodite em Seu templo, escolhendo amantes dentre aqueles que honravam e respeitavam a Afrodite Que Dá Vida, a Afrodite que abençoava seus devotos e seguidores com o eterno vigor da juventude, para a Afrodite que concedia Seus prazeres físicos tanto para as divindades quanto para os mortais.
Ancient Mirrors of Womanhood (vol. 2), de Merlin Stone, tradução da autora

ORAÇÃO A AFRODITE
Invoque-a quando desejar uma parceria amorosa ou quiser ativar o relacionamento em que se encontra

Poderosa Deusa do Amor, Alquimista Sagrada, Força de Atração, manifesta Tua capacidade de precipitar.

Coloca-me na vibração, no sentimento e no pensamento que atraiam as boas coisas que desejo para minha vida [*citá-las*].

Que Tu me ajudes a fazer escolhas amorosas, a atrair com Teu mel manifestado em mim aquele(a) que me corresponde.

E manifesto ao Universo minha crença de que o que me corresponde é pleno de abundância, amor e sucesso!

Afrodite Sagrada, manifesta Teus raios de amor e beleza sobre mim! Manifesta Teus encantos misteriosos em meu corpo – este continente sagrado que é Teu Templo e Teu Cálice!

Afrodite, aspecto livre e apaixonado de meu Ser, manifesta Teu Poder em minha vida AGORA! Atende meu pedido de... [*citar*]. Sei que estou pronta(o) para receber esta dádiva, porque a mereço!

E acalma meus pensamentos, pois agora esta questão está sob Teus cuidados e Tu saberás quando e de que maneira isso chegará a mim. Entrego a Ti minha expectativa, minha necessidade de controle e minha ansiedade, pois confio completamente em Ti!

Agora nada mais preciso fazer a respeito, porque este assunto está sob Teus auspiciosos cuidados!

Afrodite Poderosa, grata sou porque Tua manifestação já está acontecendo em minha vida!

A Ti, Imortal das imortais, Deusa das deusas, a mais Bela, a Mestra do Amor e dos Sentidos, que a glória eterna Te ilumine! Que assim seja.

Gratidão! (3 vezes)

Amaterasu

Amaterasu
a Deusa
Japonesa
da Luz

Sua lenda conta que, incomodada com os insultos de seu irmão Susanwo, Deus da Tempestade (inconformado com a divisão de poder que lhe coubera), Ela retirou-se para uma caverna. Por isso, a Terra mergulhou em trevas e nada mais nascia ou crescia. Como a vida ficou ameaçada, os deuses e as deusas se reuniram e montaram um estratagema. Uzume, a Deusa xamã, dançou uma dança engraçada para diverti-los. Juntos, acenderam grandes fogueiras para parecer que era dia, e diziam celebrar o nascimento da nova Deusa da Luz, em sua radiante beleza. Curiosa, Amaterasu abriu a porta da caverna e ficou encantada com a própria beleza, refletida num espelho mágico colocado à porta da caverna pelos deuses. Então a Luz voltou à Terra.

Amaterasu é uma das divindades supremas do panteão japonês. Era filha de Izanagui, o poder sagrado que criou o mundo, junto com sua esposa e irmã Izanami.

Além de bela, era misericordiosa, olhando por toda a Terra em seu caminhar pelo céu, "guiando a construção dos canais de irrigação, guiando o crescimento dos campos de arroz, guiando os caminhos sedosos deixados por Ukemochi, guiando o grande Corredor Trançado do Céu, o Imino Hataya, onde mulheres vivem e rodopiam em Seu palácio celestial", como diz Merlin Stone no livro *Ancient Mirrors of Womanhood*.

ORAÇÃO A AMATERASU
Invoque-a quando deseja restaurar autoestima e autovalor

Amaterasu, Luz Resplandecente do Sol, Sagrado Alento que nutre, germina, aquece.

Rogo a Ti pela cura das feridas de autoestima e autovalor que seguem abertas, trazendo-me sofrimento.

Deusa da Luz, Tu, que és aquela que tece os destinos dos seres, tece igualmente as oportunidades para que eu possa compreender e me desapegar desta sombra interna que me mantém afastada do verdadeiro desenvolvimento pessoal e espiritual.

Ajuda-me a retecer minha sensação de merecimento e me auxilia a tomar posse de meu lugar no mundo.

Amaterasu, com Tua luz transcendente, auxilia-me a descobrir e trazer minha própria luz para brilhar no mundo!

Ajuda-me a tirar da escuridão meus talentos, meus dons e minhas potencialidades e a trazê-los – plenamente ativos – para a minha vida!

Amaterasu-o-ho-mikami, eu Te invoco!

Para purificar, para restaurar, para transformar!

Face luminosa da Grande Mãe, vem em meu socorro e manifesta- -Te em minha vida AGORA!

Desde já agradeço Tuas bênçãos de luz e de cura sobre minha autoestima e autovalor.

Que na glória eterna Tu resplandeças e que assim seja!

Gratidão! (3 vezes)

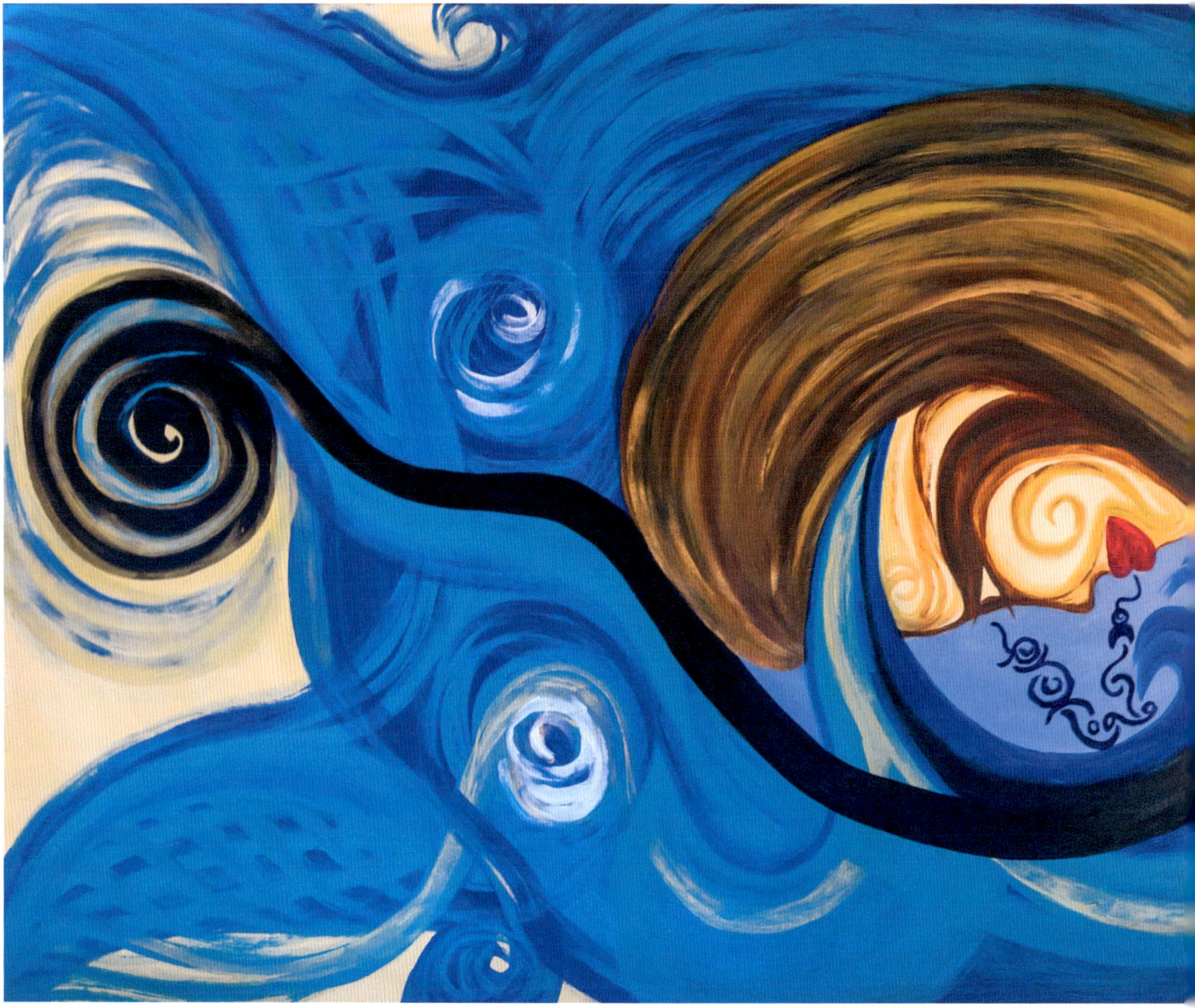

Atena

Atena
a Deusa Grega da Sabedoria

"Quando Métis estava grávida de Atena, Zeus a enganou, tornando-a pequenina, e a engoliu. Foi profetizado que Métis teria dois filhos muito especiais: uma filha igual a Zeus em coragem e de sábia resolução, e um rapaz de coração totalmente cativante, que se tornaria rei dos deuses e dos homens", conta Jean Shinoda Bolen no livro *As deusas em cada mulher*. Ao tempo do parto, Zeus passou a ter terríveis dores de cabeça, que foram se intensificando. Enlouquecido de dor, ele chamou Hefesto, o Deus da Forja, e pediu que partisse seu crânio com um machado de dois gumes, dando espaço para que Atenas nascesse. Feito isso, Atena "saltou da cabeça de Zeus como mulher adulta, usando flamejante égide de ouro, com uma lança aguda numa das mãos, emitindo um poderoso grito de guerra. [...] Seu parto assemelha-se a uma operação cesariana dolorosa".

Protetora especial da cidade de Atenas, deusa das batalhas (era mais conhecida pela inteligência e pela capacidade de criar estratégias vencedoras), era também protetora das artes e do artesanato. Deu ao povo o arado, o tear e a flauta. Protegia também os ferreiros, mas se recusou a se casar com Hefesto. Atena era retratada como uma bela mulher, mas sempre usando armadura, da qual se destacava especialmente o "aegis", a égide, um colete metálico com a cabeça da Medusa, que petrificava seus oponentes. Atena nasceu sem mãe – saiu do cérebro de seu pai, Zeus, já adulta e portando essa égide.

Foi uma deusa virgem, isto é, uma-em-si-mesma, feliz em ser e estar solitária. Na mitologia romana, corresponde a Minerva.

ORAÇÃO A ATENA
Invoque-a para pedir orientação clara

Poderosa Atena, oro pedindo uma orientação segura, que torne claros os caminhos e as estratégias que devo seguir na situação: [*citá-la*].

Revela o que me corresponde fazer, qual é a atitude correta, que trará resultados positivos.

Sábia Atena, ajuda-me a acessar o tesouro da experiência de meus ancestrais e a entender qual a lição que segue não aprendida, qual parte precisa ser integrada, qual pessoa desse passado precisa ser honrada, de forma a libertar as forças de resolução.

Atena, Sábia Conselheira, sê minha orientadora para que eu obtenha compreensão e consiga a mudança e a consequente evolução na seguinte situação: [*repeti-la*].

Que a clareza de Tua sabedoria se manifeste em forma de ideias que tragam encaminhamentos diferentes e mais felizes.

Rogo a Ti, Atena, a Mais Inteligente, Justa e Sábia entre todas as divindades, que Teu olhar se volte às minhas súplicas e todo o Teu divino poder clarifique o que se mantém escondido sob essa capa de ignorância.

Deusa Poderosa, abençoa-me com Tua orientação e Tua guiança! Não permitas que o excesso de emoção turve minha capacidade de reconhecer as estratégias que Tu podes estar me inspirando!

Ilumina meus caminhos, com a luz do Teu Saber Sagrado! Faz da Tua sabedoria a minha sabedoria, trazendo-me a compreensão final que tanto busco!

Face poderosa da Grande Mãe, espalha Tuas bênçãos e Tua luz neste mundo e em minha vida, e que a glória eterna Te ilumine! Que assim seja!

Gratidão! (3 vezes)

42

Bast

Bast
a Deusa Egípcia do Sol

Até a chegada da influência grega à sociedade egípcia, Bast, ou Bastet, representava o poder benéfico, criador e fertilizador do sol. Após os gregos, acabou se transformando numa deusa lunar, que os gregos associavam a Ártemis.

É considerada a mãe do deus leão Mihos, adorado em Bubastis, juntamente com Thot. Bastet era representada originalmente como um gato selvagem do deserto ou uma leoa, e só foi ser associada com felinos domésticos por volta do ano 1.000 a.C. Era considerada filha de Rá e regia a música, a dança e a alegria. Seu culto foi centrado na cidade de Bubastis, onde se celebravam festivais em sua honra, e os gatos consagrados a Bast eram mumificados e sepultados com honras.

ORAÇÃO A BAST
Invoque-a quando desejar a energia da alegria e da gratidão em sua vida

Bast, face benéfica do sol, Irmã Sagrada de Sekhmet, poderosa Filha de Rá, honro Tua presença através da energia da gratidão. Sou tão abençoada(o) por Ti, Ser de Luz Intensa, e por todos os outros Aspectos da Grande Mãe!

Agradeço meu lar aquecido nos dias de frio e vento. A generosidade da Mãe Terra trazendo alimento farto e sadio para minha mesa. A presença a meu lado daqueles que amo. Agradeço por ser quem eu sou, como sou e estar onde estou. Agradeço pela proteção, pelo cuidado e pelo calor que Tua presença traz!

Obrigada(o) pelo meu corpo, que permite todos os aprendizados da vida física e me presenteia com todos os prazeres que chegam através dos sentidos.

Obrigada(o) pelos recursos materiais, emocionais e espirituais manifestos em minha vida!

Bast, Deusa que emana o poder de brotação que o calor do sol traz, receba minha imensa gratidão pela presença destas bênçãos em minha vida: (*Aqui, tome uns momentos para enumerar aquilo que em sua vida lhe traz alegria, bem-estar, abundância, felicidade, segurança e todos os bons sentimentos.*)

Tu, que tens a flexibilidade, a beleza e a capacidade protetora dos felinos, continua vertendo essas e outras bênçãos em minha vida e na vida daqueles que amo!

A alegria que sinto é meu tributo a Ti!

Minha gratidão é minha oração para Te honrar!

Meu coração repleto de esperança é minha lembrança de Tua divina presença!

Que eu possa, com a Tua ajuda, nunca esquecer o que já tenho, o que já está pronto, pleno e bem-sucedido.

Que nas horas difíceis, Tu me faças lembrar que tudo é, de um modo ou de outro, minha escolha. E, assim sendo, que o Teu amor não me deixe esquecer quão abençoada sou! Que assim seja!

Gratidão! (3 vezes)

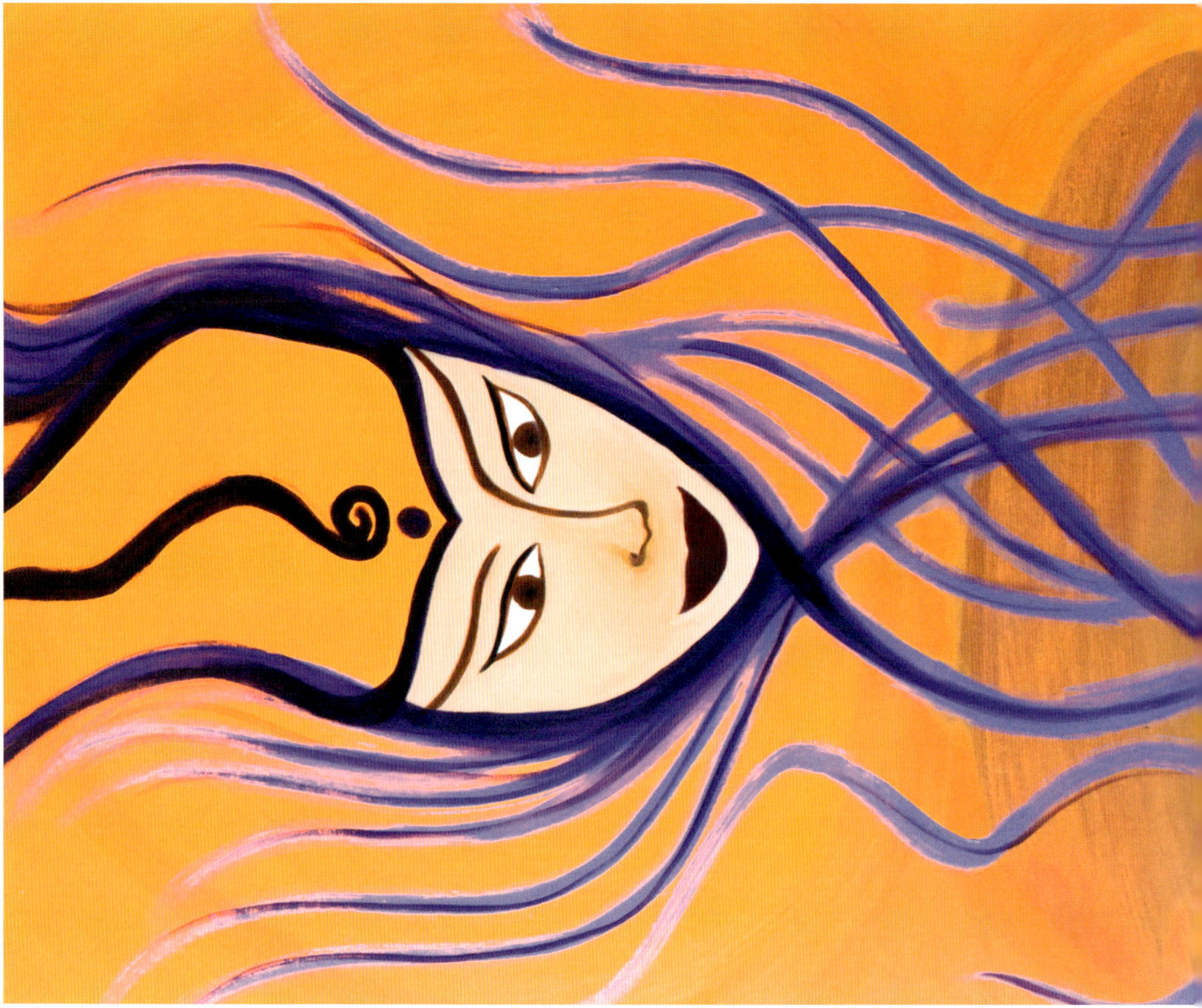

Cerridwen

Cerridwen
a Deusa do Submundo da Bretanha, Senhora do Caldeirão

Cerridwen é a guardiã do caldeirão da inspiração e da sabedoria. Ela rege os ciclos do renascimento – vida, morte e nascimento. Seu animal sagrado é a porca, por simbolizar a Deusa da Morte grávida, e também os gatos brancos.

"É considerada a Grande Iniciadora nos mistérios sagrados. Seu nome significa 'Caldeirão da Sabedoria'", afirma Claudiney Prieto em seu livro *Todas as deusas do mundo*. Ela também foi chamada de Caridwen, Ceredwen, Ceridwyn, variações de seu nome original. Segundo o autor, "[...] Cerridwen viveu em uma ilha no meio do lago Tegid (o lago Bal, ao norte do País de Gales), onde era a Senhora do Lago. Teve dois filhos, Creirwy, a mulher mais bela do mundo, e Afagddu, o menino mais feio da Terra. Para compensar a feiura de Afagddu, Cerridwen decidiu presenteá-lo com o Dom da Inspiração e da Sabedoria por meio de seu Caldeirão do Conhecimento, o Caldeirão da Deusa, que se encontrava no submundo. A poção que residia em seu interior deveria ferver em fogo brando por um ano e um dia, até que estivesse pronta para ser bebida.

Ervas mágicas e flores foram adicionadas na passagem de cada estação, colhidas em seu tempo mais indicado e de maior poder. Um homem velho foi contratado para mexer a poção sem parar, enquanto um garoto de nome Gwyon deveria alimentar o fogo com madeira de forma que ele jamais se extinguisse. Ninguém poderia tocar ou beber a poção, sob nenhuma hipótese."

Bem próximo do final do tempo necessário, três gotas saltaram da fervura no dedo de Gwyon, e ele levou o dedo à boca, obtendo assim todo o conhecimento e toda a sabedoria que estavam destinados a Afagddu. Gwyon fugiu, com medo de Cerridwen, que o perseguiu por terra, céus e mares. Agora, Gwyon era capaz de mudar de forma. Ele e a Deusa tomaram diferentes formas, até que Cerridwen, transformada em galinha negra, o engoliu quando ele se transformou em um grão. Ao voltar à sua forma, Cerridwen percebeu que estava grávida e, nove meses depois, deu à luz um lindo menino, o próprio Gwyon, renascido do ventre da Deusa. Mas, ainda assim, Ela prosseguiu em sua vingança, colocando o bebê em uma bolsa de couro e jogando-o no mar dois dias antes da cerimônia de Beltane.

O menino foi resgatado pelo Príncipe Elphin, que lhe deu o nome de Taliesin, e mais tarde se transformou no maior bardo de toda a Bretanha. Morto, regenerado e transformado no ventre da Deusa, ele renasce inspirado, cheio de dons e talentos.

No mito de Cerridwen, ela era a única que conhecia os encantamentos para que seu caldeirão vertesse comida farta incessantemente. Quem provasse do conteúdo de seu caldeirão seria capaz de conhecer a verdade e o significado de todas as coisas.

Ela é padroeira dos bardos e contadores de histórias. Deusa da Lua, da Natureza e dos Grãos, Deusa do Trigo, Porca Branca, Senhora Branca da Morte. Governa a morte, a fertilidade, a regeneração, a inspiração, a magia e o uso sagrado das ervas.

ORAÇÃO A CERRIDWEN
Invoque-a para pedir saúde física e um bom encaminhamento nos tratamentos que você está fazendo

Amada Mãe Divina, meu corpo sofre diante do desafio da doença, do sofrimento e do medo. Em quem mais posso ancorar minha esperança senão em Ti?

Tu, que criaste todas as ervas medicinais, Tu, que conheces todos os remédios que existem sobre a Terra, ouve meu pedido para um tratamento bem-sucedido na questão [*cite o problema*].

Que a luz do Teu amor seja o mais poderoso e milagroso dos remédios! Que Tu possas me receber em Teu colo e fazer com que meu corpo, minha mente e meu espírito se recuperem rapidamente dessas desarmonias.

Se há questões de aprendizado kármico ou de cura através da doença, traz-me as ferramentas, os conhecimentos e os orientadores apropriados, para que eu possa equilibrar, remover e curar as causas deste mal de que hoje padeço.

Tu, que em Teu caldeirão tens toda a sabedoria do mundo, Tu que conheces todas as ervas e flores, desperta e fortalece a parte em mim que sabe exatamente como se curar. Que toda a minha capacidade de autorregulação imunológica seja reforçada por Tua ação direta!

Cerridwen, em Teu aspecto cíclico, me auxilia a inaugurar um momento de plena saúde em minha vida. Se isso não for possível, traz-me a compreensão e também a aceitação daquilo que for.

Confio em Ti, Mãe Sagrada, e em Ti deposito todas as minhas esperanças!

E em completa gratidão por aquilo que Tu puderes me alcançar, eu digo: que a Ti a glória eterna Te ilumine.

Que assim seja!

Gratidão! (3 vezes)

ORANDO PELA SAÚDE DE OUTRA PESSOA
Versão para quando queremos orar pela saúde de outra pessoa

Amada Mãe Divina, este ser que me é tão amado [*citar o nome*] sofre diante do desafio da doença, do sofrimento e do medo.

Em quem mais posso ancorar minha esperança de restauração da saúde dele(a), senão em Ti? Tu, que criaste todas as ervas medicinais, Tu, que conheces todos os remédios que existem sobre a Terra, ouve meu pedido de um tratamento bem-sucedido na questão [*cite o problema da pessoa*].

Que a luz do Teu amor seja o mais poderoso e milagroso dos remédios! Que Tu possas receber este Teu filho (esta Tua filha) em Teu colo e fazer com que seu corpo, sua mente e seu espírito se recuperem rapidamente dessas desarmonias.

Se há questões de aprendizado kármico ou de cura através da doença, traz-me as ferramentas, os conhecimentos e os orientadores apropriados, para que ele(a) possa equilibrar, remover e curar as causas deste mal de que hoje padece.

Tu, que em Teu caldeirão tens toda a sabedoria do mundo, Tu, que conheces todas as ervas e flores, desperta e fortalece a parte dele(a) que sabe exatamente como se curar. Que toda a capacidade dele(a) de autorregulação imunológica seja reforçada por Tua ação direta!

Cerridwen, em Teu aspecto cíclico, auxilia [*citar nome da pessoa*] a inaugurar um momento de plena saúde em sua vida. Se isso não for possível, traz aos envolvidos a compreensão e a aceitação daquilo que for.

Confio em Ti, Mãe Sagrada, e em Ti deposito todas as minhas esperanças!

E em completa gratidão por aquilo que Tu puderes me alcançar, eu digo: que a Ti a glória eterna Te ilumine.

Que assim seja!

Gratidão! (3 vezes)

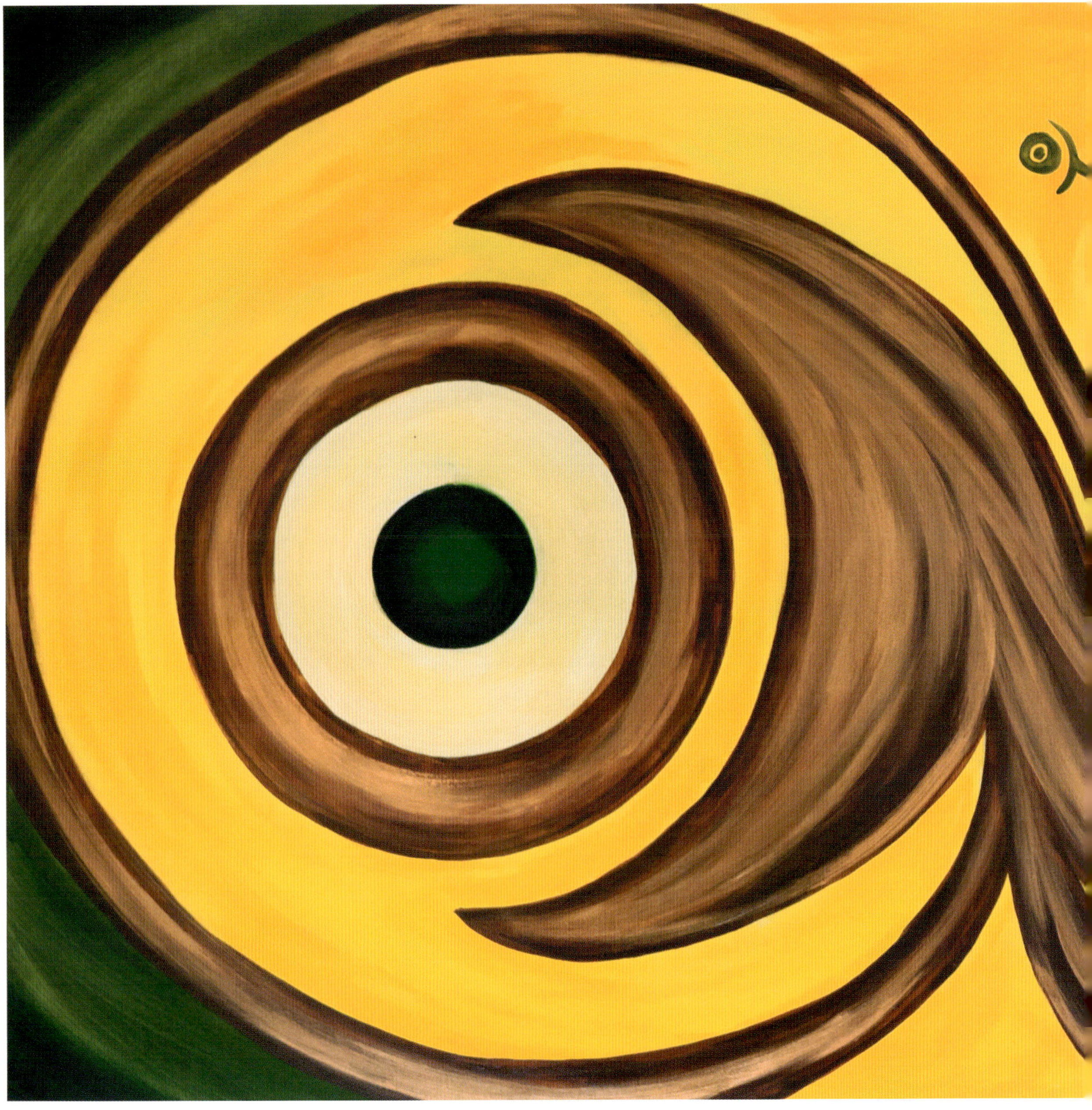

Déméter

Deméter

Deusa Grega das Colheitas, da Vegetação, dos Frutos e da Fertilidade da Terra

É a propiciadora do milho, planta símbolo da civilização. Era responsável pelas estações do ano e também assegurava colheitas abundantes.

"Era venerada como uma Deusa Mãe, especialmente como mãe do cereal e mãe da jovem Perséfone. (...) Era a segunda filha de Reia e Cronos, e foi a segunda a ser engolida por ele. Deméter foi a quarta esposa real de Zeus, que também era seu irmão. Precedeu Hera, que era a sétima e última. Dessa união veio a única filha, Perséfone, com quem Deméter estava ligada no mito e no culto. [...] Perséfone estava colhendo flores quando foi atraída por um narciso especialmente bonito. Ao estender a mão para pegá-lo, o solo fendeu-se diante dela. Das profundezas da terra emergiu Hades em sua carruagem de fogo puxada por cavalos pretos. Apoderou-se dela e afundou de volta para o abismo de forma tão rápida quanto tinha vindo. Perséfone lutou e gritou pela ajuda de Zeus, mas não veio nenhum auxílio. Deméter ouviu o eco dos gritos de Perséfone e apressou-se por encontrá-la. Procurou sua filha raptada por nove dias e nove noites, por terra e por mar. Em sua busca frenética, não parou para comer, dormir ou se banhar. [...] Ao raiar do décimo dia, Deméter encontrou Hécate, Deusa da Lua Escura e das Encruzilhadas, que lhe sugeriu irem juntas a Hélio, deus do Sol. [...] Hélio contou-lhes que Hades tinha raptado Perséfone contra a vontade da deusa. Além disso, disse que o rapto e a violação de Perséfone tinham sido aprovados por Zeus. Falou a Deméter que parasse de chorar e aceitasse o que tinha acontecido; Hades, afinal de contas, 'não era um genro sem valor'.

Deméter recusou o conselho. Ela agora sentia o ultraje e a traição de Zeus, e também mágoa. Retirou-se do Monte Olimpo, disfarçou-se de mulher velha e vagou sem ser reconhecida pelas cidades e pelos campos.

Um dia, ela se aproximou de Elêusis, sentou-se perto do poço e foi encontrada pela filhas de Celéo, governador de Elêusis. [...] Quando Deméter contou-lhes que estava procurando trabalho como babá, elas a levaram para casa, à presença de sua mãe Metanira, pois tinham um irmãozinho temporão muito amado chamado Demofonte", escreve Jean Shinoda Bolen.

Segundo a autora, Deméter o alimentava com ambrosia e o colocava no fogo, para torná-lo imortal. Metanira, ao surpreender o filho no fogo, gritou de medo. Então, Deméter revelou-se, voltando à sua aparência de deusa, e ordenou que fosse construído um templo em sua honra. Como ela se recusava a agir, nada podia nascer, a carestia ameaçava a raça humana, o que destituiria deuses e deusas olímpicos de suas ofertas e sacrifícios. Zeus mandou diversos mensageiros para demover Deméter, sem sucesso.

Finalmente, Zeus concordou em devolver a filha de Deméter.

Perséfone, antes de deixar os domínios de Hades, comeu algumas sementes de romã que este lhe ofereceu, e por isso foi obrigada a passar dois terços do ano no mundo das trevas com o marido, como Grande Senhora do Mundo dos Mortos, e o resto do tempo com sua mãe, Deméter. Quando está com a mãe, tudo floresce – é primavera e verão. E quando está no mundo avernal, tudo seca – é outono e inverno. E assim se criam as estações do ano.

Depois disso, Deméter devolveu a fertilidade à terra e, junto com Perséfone, orquestrou os rituais secretos de Elêusis, iniciações poderosas que transformavam profundamente quem deles participasse e que permanecem desconhecidos até hoje. Na mitologia romana, é equivalente à deusa Ceres.

ORAÇÃO A DEMÉTER
Invoque-a quando desejar engravidar.
Orando por fertilidade; invocando a criança desejada

Mãe Divina, este é o tempo em que, diante do Teu testemunho, abro as portas do meu coração e dou as boas-vindas àquele ser que Tu permitires me escolher como mãe. Preparo meu ventre como um berço macio e o ofereço a Ti, Deméter, Deusa Mãe de todo poder e bondade, para que possa ser o vaso que recebe este Ser.

Ofereço meu corpo, Mãe Divina, como o Recipiente Sagrado que dá vida e luz, que cocria uma existência.

Cada mulher sobre a Terra encarna Teu infinito poder de criar e sustentar a vida. Ajuda-me a ser um reflexo desse Divino Poder e fertiliza meu ventre, trazendo-me uma gravidez bem-sucedida.

Se isso não for possível, que esse bebê possa vir através do ventre de outra mulher. [*Não ore esta frase se não quiser adotar uma criança.*]

Coloco minha receptividade em Teu altar, Deméter, como prova da disposição e da responsabilidade que alegremente assumo, rogando CONSCIENTEMENTE a vinda dessa criança.

Com Tua compaixão sem limites, ajuda-me a perceber padrões de medo ou autoboicote que estejam impedindo essa gravidez tão desejada.

Tu que és capaz de criar toda a vida, torna meu corpo fértil! Se esses medos dizem respeito a mim e a meu companheiro, ajuda-nos a compreender e conscientizar as armadilhas e a desarmá-las com sabedoria e harmonia.

Traz até mim a ajuda terapêutica ou medicinal que meu corpo precisa para ovular, fertilizar e manter a gravidez até o final com saúde e bem-aventurança.

Que a Luz seja a Guia,
que a Sombra seja a Mestra.
Defenda seu Espaço Sagrado.

Criança querida, chamo-te para que venhas a mim. Ofereço meu corpo para que possas fazer dele um ninho, onde todas as tuas necessidades serão supridas. Ofereço meu ventre para que possas fazer dele a terra nutritiva onde crescerão tuas potencialidades.

Criança por que tanto anseio, ofereço-te meu lar para que seja teu lar.

Ofereço-te minha vida para que seja partilhada com tua vida.

Ofereço a ti meu amor, para que seja nutrição na realização de teu aprendizado e tua missão. Ofereço-me para ser tua guardiã e tua protetora em tua jornada na Terra.

Estou pronta para aprender contigo e para compartilhar contigo o que aprendi.

Além do calor protetor do meu colo, ofereço-te minha dedicação e toda a sabedoria de minha alma!

Venha a mim, meu filho querido/ minha filha querida!

Que já posso te sentir junto a mim!

Venha a mim, criança tão desejada, que eu, seu pai e a Mãe Terra estamos prontos para recebê-lo com todo nosso amor. Saiba que és muito, muito bem-vindo e que vais ser muito bem recebido!

Que as graças de Deméter estejam sobre todos nós!

Amada Deusa Mãe, entrego a Ti esta questão, e que abençoada sejas por toda a eternidade!

Assim É!

Gratidão! (3 vezes)

58

Durga

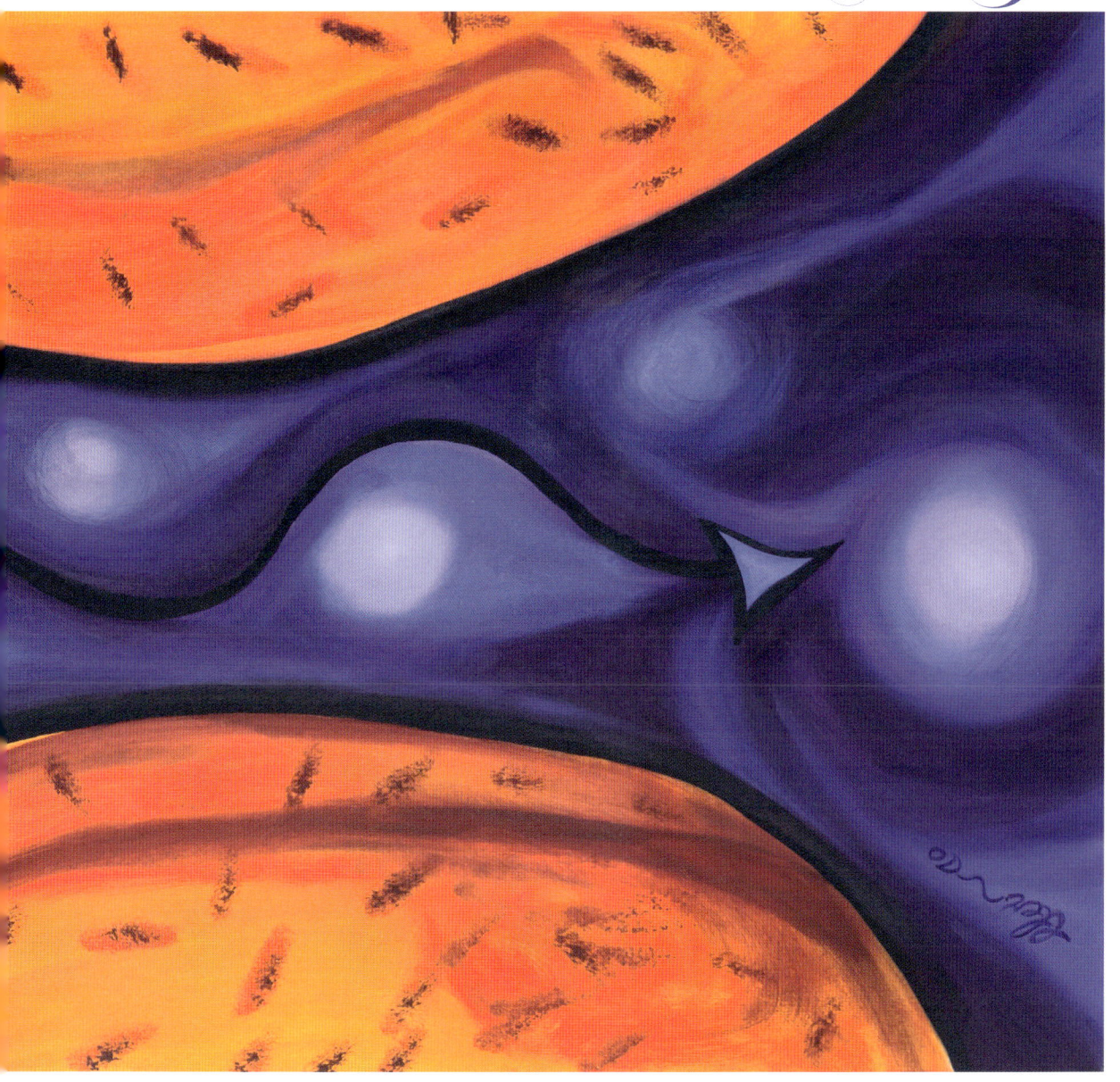

Durga
A Deusa hindu da guerra

Durga nasceu para exterminar os demônios que estavam ameaçando os deuses. Quando o rei dos demônios, Mahishasura, declarou-se Líder do Universo, a blasfêmia enfureceu os deuses de tal maneira que imediatamente eles começaram a emitir uma poderosa luz de seus chakras frontais. Quando a energia emitida por Vishnu, Shiva, Brahma, Indra, Yama, Agni e todos os outros deuses se encontraram em um ponto ardente, a energia tomou vida na forma de uma Deusa, Durga.
Ela recebeu dos deuses a arma mais poderosa de cada um deles: o Tridente de Shiva, o Disco de Vishnu, o Raio de Indra. Rugindo enfurecidamente, Durga saiu para combater os inimigos. Durante a batalha, algo caiu da sobrancelha da enfurecida Durga. Quando a Deusa percebeu, viu que tinha gerado Kali, fruto de sua fúria.
Todas as Deusas do Mundo, Claudiney Prieto

Durga, uma feroz guerreira, nasceu durante uma longa batalha entre os deuses hindus e um exército de demônios. Em desespero, os deuses se reuniram e respiraram junto. Um fogo feroz saiu de suas bocas, e dali Durga nasceu – uma guerreira já completa, pronta para lutar. Os deuses rapidamente deram a ela um leão como montaria e uma arma para cada uma de suas dez mãos. Durga avançou em direção aos demônios, seus braços brandindo, e em poucos momentos ela matou todos eles. Para os indianos, Durga simboliza o triunfo sobre o mal. Eles ainda celebram os seus nove dias a cada outono.
Goddesses, Burleigh Mutén

ORAÇÃO A DURGA
Invoque-a para a restauração de limites e fronteiras

Devi Dourada, como Tu, dez braços quero ter, que garantam a vitória da paz e da luz sobre o mal.

Eu Te invoco, Durga, para reforçar minhas fronteiras, restaurar minhas barreiras de proteção rompidas e criar ao redor de mim o halo vigilante de Tua Sagrada Presença! Rogo Tua proteção e Tua presença poderosa, que assusta e afasta tudo e todos que queiram me prejudicar.

Coloco-me sob a proteção de Teus dez braços, cada um portando o atributo de um dos poderosos Deuses e Deusas que Te criaram a partir de Suas sagradas respirações.

Durga, Deusa Guerreira, mostra-me o caminho para vencer a mim mesma e a minha dificuldade de dizer não sem sentir culpa. Ajuda-me a respeitar meu próprios limites físicos, emocionais e energéticos.

Refaz minha capacidade de vencer meu medo, o aliado de minha mente boicotadora. Essa parte de mim que, ao invés de me deixar expandir e crescer, me prende nas redes da crença de que não sou dona(o) de minhas escolhas.

Durga Poderosa, ajuda-me a firmar no mundo quem Eu sou e como Eu sou, sem mais desculpas para não assumir meu Divino Poder.

Ajuda-me a cortar e romper com relacionamentos, pessoas e situações que não o reconhecem ou impedem esse Poder de se manifestar.

Traz a Tua força de rasgar, romper, desapegar, de forma que eu possa deixar para trás velhos registros de dor e me tornar una(o) com a dança e a alegria!

Permite-me montar o tigre que é Tua Montaria Sagrada, e galopar o medo, completamente no comando de mim mesma(o) e de minha vida.

E assim, armada com a Tua presença, que minha vontade seja sagrada, de tal forma que quando eu disser NÃO, este seja respeitado como uma lei ditada diretamente por Ti.

Que ninguém possa mais invadir a casa que é meu corpo e o templo que é minha energia. Que as marcas das profanações anteriores sejam apagadas no fogo sagrado de Tua Presença indestrutível! E que nunca mais, NUNCA MAIS eu aja em desacordo com as bordas de minhas fronteiras físicas, emocionais e espirituais!

Porque agora, poderosa Durga, estou sob Tua proteção e nada poderá me alcançar. És a garantia de que todo o mal será desviado de sua direção a mim, retornando para sua origem em forma de força e compaixão, segundo Tua vontade e graça!

Face Poderosa da Grande Mãe, coloca-me sob Tua divina proteção, agora e sempre. Assim É!

Gratidão! (3 vezes)

64

Gaia

Gaia
A Grande Mãe Grega, Deusa Primordial – Mãe Terra

Gaia ou Geia é conhecida como Terra ou Mãe Terra (o substantivo grego usual para "terra" é *ge* ou *ga*). Ela foi uma antiga deusa da terra e nasceu de Caos, o grande vazio do universo. Com ela, surgiu Eros. Gaia deu à luz Pontus (o Mar) e Urano (o Céu). Isso aconteceu por partenogênese (sem participação masculina).

Gaia se casou com Urano, que também era seu filho, e a prole dos dois inclui os Titãs, seis filhos e seis filhas. Ela pariu os Cíclopes e três monstros que ficaram conhecidos como Hecatônquiros. Os espíritos da punição, conhecidos como Erínias, também são fruto da união de Gaia e Urano. Por fim, os Gigantes foram concebidos depois de Urano ser castrado por seu filho Cronos, e seu sangue cair da ferida aberta na Terra.

Para proteger seus filhos do marido (os Cíclopes e os Hecatônquiros, pois Urano temia a força deles), Gaia os escondeu em seu ventre. A própria Gaia achava que seus filhos lhe causavam desconforto e dor e, quando isso se tornou insuportável, ela pediu ajuda a seu filho mais novo, Cronos. Pediu que ele castrasse Urano, cortando assim a união entre a Terra e o Céu, e prevenindo o nascimento de mais monstros. Para ajudar Cronos, Gaia produziu uma foice indestrutível para servir de arma. Cronos se escondeu até Urano se deitar com Gaia e, quando ele se aproximou, Cronos golpeou-o com a foice, cortando sua genitália. O sangue que caiu dali entrou em contato com a terra e fez surgir as Erínias (Fúrias), os Gigantes e as Melíades (Ninfas).

Gaia foi o elemento primordial de onde todos os deuses se originaram e foi cultuada por toda a Grécia, mas depois entrou em declínio e foi substituída por outros deuses. Na mitologia romana, ficou conhecida como Tellus ou Terra.

Ron Leadbetter, em http://www.pantheon.org/articles/g/gaia.html
(tradução de Verônica Gonçalves)

Terra – Esta é agora nossa nave, é com ela que navegamos, com milhares de outros irmãos e irmãs, no infinito do Universo.

Texto retirado da canalização do floral
do Deus afro-brasileiro Obaluaê
(Sistema de Cura Florais da Deusa).

No começo, de acordo com Hesíodo, havia o Caos – o ponto inicial. Depois, veio Gaia ou Geia (Terra), o escuro Tártaro (as ínfimas profundezas da Terra)
e Eros (o amor).

Gaia deu à luz um filho, Urano, que também era conhecido como Céu. Mais tarde, ela se uniu a Urano para criar, entre outros, os doze Titãs. Na genealogia dos deuses de Hesíodo, os Titãs eram uma antiga dinastia dominante, os pais e avós dos deuses olímpicos.

Urano, o primeiro patriarca ou figura de pai na mitologia grega, ficou depois ressentido com os filhos que teve com Gaia. Então, ele os entregou de volta ao seio materno logo que eles nasceram. Isso causou grande dor e ansiedade em Gaia. Ela apelou a seus filhos Titãs que a ajudassem. Todos tiveram medo de interferir, exceto o mais jovem, Cronos, chamado Saturno pelos romanos. Ele correspondeu a seu pedido de ajuda. Armado com a foicinha que ela lhe dera e um plano que ele tramou, ficou à espera do pai.

Quando Urano veio unir-se com Gaia, deitando-se sobre ela, Crono pegou a foicinha, cortou os órgãos genitais de seu pai e os atirou ao mar.

As deusas em cada mulher, Jean Shinoda Bolen

A oração como um mantra*

Em várias culturas, em diferentes tempos, mantra, litania ou oração são usados repetidamente, com diferentes intenções. Às vezes só para calar a mente, outras vezes porque aquele som específico desperta determinadas áreas do Sistema Energético Humano ou porque através da repetição queremos louvar ou pedir algo especial a um Deus ou Deusa específico.

Quando criança, eu gostava de fazer "novenas", especialmente as dedicadas à Virgem Maria e às suas diferentes faces – Nossa Senhora Aparecida, Nossa Senhora de Lourdes, Nossa Senhora do Silêncio e tantos outros nomes para Ela. Rezava por nove dias aquela oração, com algum pedido especial.

A próxima oração é dirigida de forma geral à Grande Mãe e é uma dessas orações para ser repetida diariamente (neste caso, por 21 dias), invocando auxílio divino para alguma situação desafiante ou de difícil resolução.

Poderia ter escolhido qualquer Deusa, pois esta é uma oração à Deusa como Emanação Conceitual do Princípio Divino Princípio. Escolhi Gaia porque essa Deusa nos relembra quem somos: filhos da Mãe Terra.

Terra, este planeta amado, valente e gentil que nos fornece a matéria de que somos feitos, além de tudo mais que precisamos para nossa sobrevivência e para a materialização de toda a incrível criatividade de que somos dotados.

*Do sânscrito, man = mente; tra = alavanca.
Sílaba ou poema religioso repetido durante as meditações como forma de silenciar a mente.

ORAÇÃO À GRANDE MÃE
Invoque-a para Causas Difíceis
(Rezar 21 dias seguidos)

Mãe Sagrada, elo de toda bondade, taça onde transborda o doce mel da compaixão, que o Teu Sopro anime minhas esperanças, que a Tua canção acalme o meu coração, que Teu olhar acalente o meu sofrimento!

Mãe Divina, Tu que És antes de tudo, Tu que surgiste do caos primordial e da luz moldaste as formas das mais diferentes criaturas; Tu que do Teu corpo deste à luz todos os seres divinos e terrenos, ajuda-me e guia-me no enfrentar das sombras internas e externas.

Tu que és toda amor e toda bondade presente no mundo, abençoa-me com a graça de [*citar*].

Que Tua vontade seja feita acima de tudo, porque a Ti é dado o direito de tecer os destinos.

Rogo a Ti, Mãe Amada, que me abençoes com a graça de [*citar*].

Porque sei que Teu amor vê em mim merecimento para receber tal graça.

Mãe Sagrada de Luz Intensa, a Ti que conheces o coração de cada Ser sobre a Terra e os Céus, eu rogo que me seja concedida esta graça.

Porque sei que Teu amor incondicional avaliará que estou pronta(o) para receber tal dádiva!

E desde já, Divina Mãe, agradeço em fé, esperança e amor o que estiver a Teu alcance me destinar.

Gloriosa seja a Tua Presença!

Que no coração de cada homem ou mulher sobre a Terra Tua presença eterna e sagrada possa ressoar!

E que a Tua canção de amor se espalhe por todos os cantos do Universo!

Assim É.

Gratidão! (3 vezes)

70

Iansã

Iansã
Deusa Afro-brasileira do Vento e do Trovão

Divindade da natureza, Deusa dos fenômenos climáticos – tornados, raios, tempestades. É uma guerreira que usa espada e tem o poder do raio, do vento e do trovão. Em seu aspecto de Deusa lunar, é a condutora dos eguns – os espíritos perdidos, a quem só ela pode conduzir ao mundo espiritual, pois tem proteção e dá proteção a seus "filhos".

Na África, Ela é Oyá – que em iorubá significa "quebrar, rasgar". Guerreira de temperamento fogoso, protetora das mulheres envolvidas em disputas e lutas. É a Deusa do fogo, da liderança feminina, do encanto persuasivo e da transformação.

Temperamental, autoritária, Iansã sabe fazer prevalecer a sua vontade. Poderosa e capaz de todas as proezas, Iansã jamais abandona seus filhos, lutando como um tigre para protegê-los de todos os males. É exigente com seus devotos, não perdoando qualquer dúvida em seu culto.

Cor: amarelo-ouro (na umbanda) e vermelho (no candomblé).
Suas comidas: acarajé, milho cozido e abóbora-moranga.
Sua saudação: Eparrei, Oyá!

ORAÇÃO A IANSÃ
Invoque-a quando deseja precipitar mudanças rápidas em uma situação

Iansã, Poderosa face da Grande Mãe, invoco Tua força para precipitar mudanças rápidas na seguinte situação [*citar*].

Invoco Tua presença e Tua coragem para me proteger dos seres de baixo padrão vibratório que tentam impedir que o ciclo da mudança para melhor se estabeleça em minha vida.

Eparrei, Iansã! Traz Tua espada para cortar, brandir, proteger, de forma que esta situação que me aflige possa mudar rapidamente, de forma positiva e plena de sucesso para mim [*ou cite aqui o nome da pessoa para a qual você está orando*].

Para Ti nada é impossível, Guerreira Poderosa! Por isso, invoco Tua presença para movimentar a roda dos acontecimentos, que está emperrada.

Afasta as influências externas que impedem a transformação. Ilumina as influências internas que impedem a transformação – confio em Ti e na Tua capacidade de trazer discernimento.

Ajuda-me a compreender o que é preciso mudar para obter uma rápida mudança nesta situação [*citar*].

Iansã, precipita as forças de proteção e de transmutação!

Coloca a meu serviço as forças de coragem, ousadia e clareza que são próprias de Tua sagrada natureza.

Iansã, face guerreira da Grande Mãe, oro a Ti e invoco Tua presença AGORA!

Varre da minha vida o que impede, dificulta ou atrasa as mudanças positivas que busco.

Eu honro Teu poder de movimentar, mover e sacudir o que está estagnado e dificultoso, e me responsabilizo por aquilo que resultará deste meu pedido.

Traz os Teus sete raios para iluminar a escuridão e a incerteza em que me encontro. Retece, com Tua presença, a minha fé, a minha confiança e a minha esperança no futuro que construo e escolho agora!

Mostra-me a direção, Poderosa Deusa do Céu. Revela para mim o caminho da transformação! Protege minhas intenções e zela com Tua espada pela segurança e pelo sucesso dos meus projetos, bem como protege aqueles que amo das influências espirituais perturbadoras!

Após Tua passagem, poderosa Iansã, nada mais será como antes.

Eparrei, Iansã!

Guerreira Sagrada, Deusa que cruza os céus e a terra trazendo o poder de precipitar o que está pronto para chegar, olha por mim, Mamãe! Ouve meu chamado!

Que o Teu coração generoso e justo possa me abençoar com a Tua presença.

E por esse e todos os Teus feitos, que a glória eterna Te ilumine!

Assim É.

Gratidão! (3 vezes)

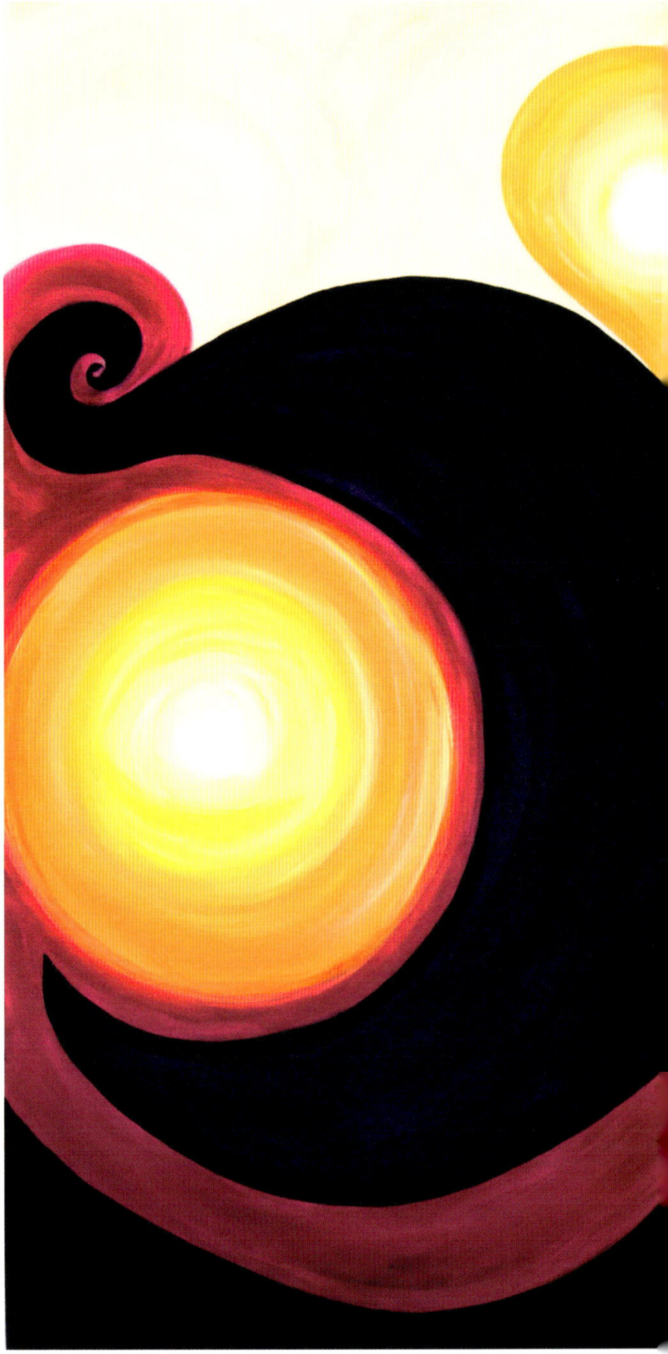

Inanna

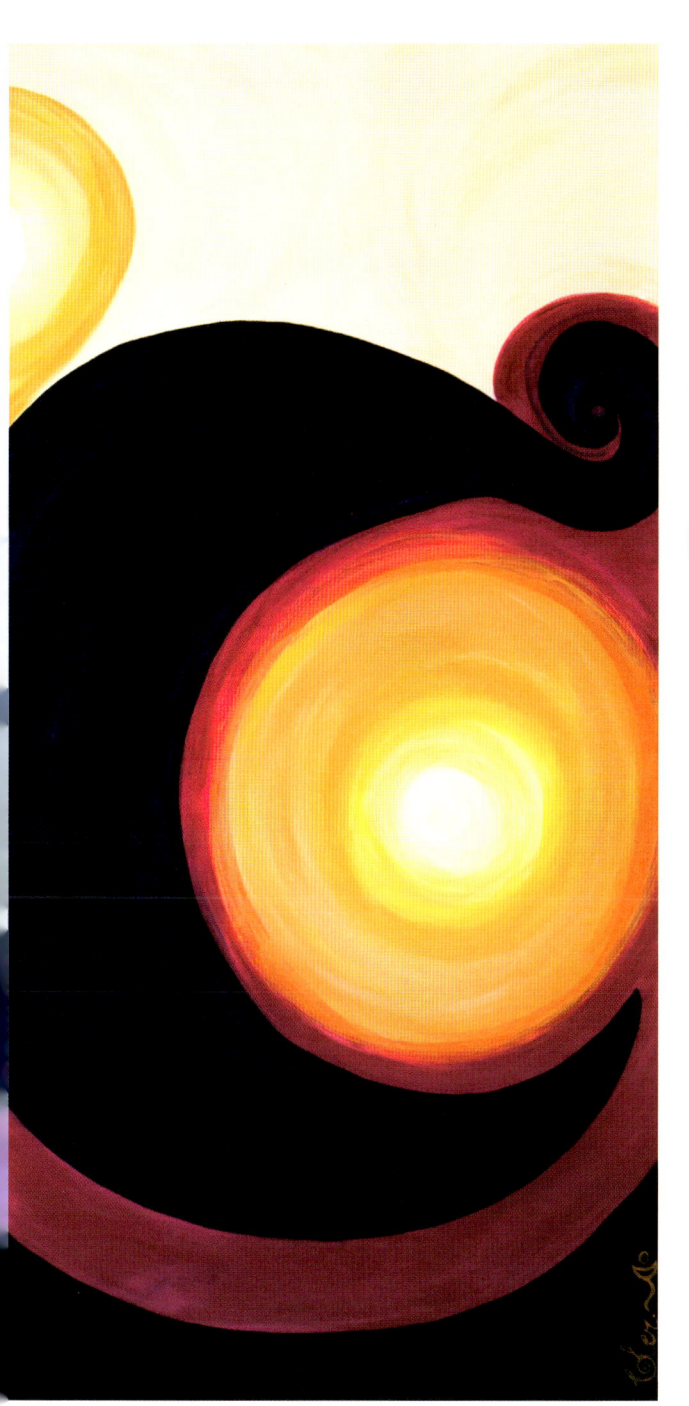

Inanna
Deusa do Amor, da Guerra e Rainha dos Céus. Deusa da Vida (Suméria)

A Deusa da Vida era considerada a Grande Mãe sumeriana e exercia poder sobre o amor, a guerra, a fertilidade e outros inúmeros atributos. Seus atributos são tão variados e múltiplos, muitas vezes conflitantes, que possivelmente ela é a fusão de várias Deusas da Antiga Suméria.
Todas as deusas do mundo, Claudiney Prieto

Inanna é uma Deusa que foi cultuada por volta de 7.000 a.C. e nasceu de pais divinos lunares, Nanna, Ningal ou An. Tem como irmãos Ereshkigal, Utu e Ishkur. Também é chamada Innina, Innin, Ninanna, Ninmsara.

Seu mito conta que Inanna, desejosa de conhecer melhor os mistérios da vida, da morte e do renascimento, decidiu visitar o reino de sua irmã Ereshkigal, Deusa do Submundo. A regra para todos era que, a cada um dos sete portões que fosse atravessado, o visitante deixasse uma parte de sua vestimenta ou algum ornamento, até que chegasse nu para o julgamento final, deixando tudo para trás.

A famosa dança dos sete véus é a representação da chegada de Inanna ao reino da irmã.

Ao chegar diante de Ereshkigal, a irmã sombria, Inanna foi assassinada e seu corpo pendurado em uma estaca. A Deusa da Morte assassinou a Deusa da Vida.

Enki, Deus da Sabedoria, preocupado com a demora de Inanna, mandou duas criaturas – Kurgara e Galatur – resgatarem-na. Quando chegaram, Ereshkigal sofria terrivelmente para dar um filho à luz, e eles se compadeceram dela. Em agradecimento, ela cedeu a seus pedidos de devolver o corpo de Inanna, mesmo que a regra fosse que ninguém retornava de Seu reinado. Eles respingaram água e comida no corpo de Inanna e a reviveram. Inanna retornou a seu lugar como Rainha dos Céus, mas deveria enviar alguém para ocupar seu lugar no submundo.

Ao voltar, Inanna encontrou seu amado marido Damuzi reinando em seu lugar e, cega de fúria, o enviou para Ereshkigal. Quando a irmã de Damuzi descobriu que Ele estava no reino dos mortos, decidiu ir até lá resgatá-lo. Novamente, Ereshkigal permitiu que Damuzi voltasse e a irmã permanecesse em seu lugar. Assim, no outono e no inverno Damuzi permanece no submundo, e na primavera e no verão vem à superfície, para trazer semeadura e colheitas para o povo de Inanna.

ORAÇÃO A INANNA
Invoque-a para obter proteção

Inanna, Deusa da luz intensa, traz a tocha do Teu Fogo Sagrado para iluminar minha jornada ao desconhecido.

Que diante do portal das trevas sejam Teu amor e Tua luz que me protejam contra todo o mal!

Face poderosa da Grande Mãe, cria agora o escudo de luz brilhante, que me protegerá da negatividade e dos ataques que possam vir tanto do mundo físico quanto do espiritual.

Dá-me livre conduto para compreender e enfrentar essas sombras sem ser afetada(o) por elas!

Presenteia-me com o aprendizado da coragem e da força. Porém, que o Teu amor e o Teu poder protejam a integridade de minha aura.

Limpa, protege e ilumina este momento obscuro, quando me sinto frágil e desprotegida(o).

Tu, que conheces a força do mal, abençoa-me com o poder do bem!

Senhora da Vida, traz compaixão e encaminhamento aos espíritos sofredores ou mal-intencionados que rodeiam a mim e àqueles que amo!

Inanna, em Tua presença luminosa, ancoro minha coragem para enfrentar, fechar, proteger.

Que todo o mal seja vencido através da Luz da Consciência que brilha através de Ti e em Ti. Em Tua Divina Presença eu digo: Estou completamente protegida(o).

O manto da deusa está sobre meus ombros. Eu, [*citar quem ou o que se quer proteger*], estou livre de todo o mal, porque teu poder, Inanna, assim o quer!
Face luminosa da Grande Mãe, que a Ti a glória eterna ilumine!
Assim É.

Gratidão! (3 vezes)

No primeiro portal, removeu sua coroa,

No segundo, removeu seus brincos,

No terceiro, removeu seu colar,

No quarto, removeu seu peitoral,

No quinto, removeu seu cinturão,

No sexto, removeu seus braceletes,

No sétimo, removeu sua vestimenta

Claudiney Prieto

80

Ísis (Au Set)

Ísis (Au Set)
Senhora da Lua egípcia, Mãe do Sol, Rainha Suprema

Deusa egípcia dos mil nomes, Senhora da Lua e Mãe do Sol, rainha da Terra e das Estrelas, doadora da vida e protetora dos mortos. Filha primogênita da Deusa do Céu, Nuit, e do Deus da Vegetação, Geb, e esposa de Osíris.

Conhecida como Au Set (Rainha Suprema) e Isis Panthea (Ísis, a Deusa de Tudo), foi adorada em muitos lugares, como Egito, Império Romano, Grécia, Inglaterra e Alemanha.
Quando seu amado Osíris foi assassinado e desmembrado pelo seu irmão Set, que espalhou seus pedaços, Ísis procurou-os e os juntou novamente. Ela achou todos os pedaços, menos o pênis, que substituiu por um membro de ouro. Por meio da magia e das artes de cura, ela trouxe Osíris de volta à vida. Em seguida, ela concebeu seu filho solar Hórus, através do pênis de ouro.
Quando os templos de Ísis foram transformados em igrejas cristãs, Ísis e seu bebê Hórus no colo foram transformados na Virgem Maria com o menino Jesus.
O Oráculo da Deusa, Amy S. Marashinsky

Foi representada portando o disco solar entre os chifres de vaca no topo da cabeça. Muitas vezes ela é representada como uma ave voando sobre o corpo mumificado de Osíris, quando assume o papel de "Ser Alado", que representa o vento. [...] O culto de Ísis, que se iniciou no Egito e posteriormente se espalhou pela Ásia Menor, pela Bretanha e pela Europa, era envolto em mistérios profundos, e Ela era reverenciada como a Rainha dos Céus, da Terra e do Submundo.
Ela passou a assumir as características de inúmeras Deusas menores, sendo assim cultuada como uma Deusa Universal, passando a receber o título de Senhora dos Dez Mil Nomes.
Todas as deusas do mundo, Claudiney Prieto

Muitos nomes tinha a maravilhosa Au Set: Amante do Cosmos, Dirigente da Casa da Vida, Soberana de Tudo o que é Milagroso, Poderosa Senhora da Sabedoria, Mãe de Toda a Vida Nascente, Primordial Lótus Nefertim, Estabelecedora da Justiça, Campeã da Lei Justa, Doadora do Dom da Abundância, Inventora da Agricultura, Criadora da Primeira Vela de Navegação, Inventora da Tecelagem, Fonte das Ervas Curativas, Dona do Trono, Mestra do Destino, Aquela que Separou os Céus da Terra, Construtora dos Caminhos Através das Estrelas, Controladora do Vento e do Trovão, Restauradora da Vida, Aquela que Faz o Universo Girar. O que nos céus e na terra não foi feito por Ela?
Ancient Mirrors of Womanhood, Merlin Stone (tradução da autora)

ORAÇÃO A ÍSIS
Invoque-a para obter Poder e Magia

Ísis, poderosa filha de Nut, Sábia dentre as Sábias, empresta Teu poder de reconstrução para me ajudar a reencontrar meu próprio Poder Pessoal, raptado por tantas situações e acontecimentos desempoderadores.

Tu, que és a que faz o Universo girar, que conheces a Luz mais elevada e a Sombra mais aterradora, ensina-me a usar as ferramentas e atitudes certas, para que eu encontre maneiras de precipitar mudanças positivas em meu processo de consciência e evolução espiritual.

Mãe de Hórus, Mãe da Luz, a doçura dança em Teus olhos e aquece os corações envolvidos em tristeza. Que o Teu divino amor venha até mim e, empoderada(o) pela Tua respiração sagrada, eu possa recuperar a fé e a confiança em mim mesma e naqueles que me guiam.

Mãe de todo o Amor, Mãe de todo o Poder, Mãe de todas as Artes Curativas, manifesta-te em minha vida! Reúne o que está estilhaçado e perdido dentro de mim e retece o meu Ser!

Face poderosa da Grande Mãe, recria minha fé e minha confiança no Divino e na Bondade Básica de todos os seres! Manifesta-te para que eu me sinta novamente protegida(o) e amada(o).

Eu, que sou uma filha/um filho do Teu amor, entrego a Ti minha fraqueza, para que a transformes em força. Entrego a Ti meu medo, para que o transformes em coragem. Entrego a Ti minha desconfiança, para que a transformes em fé.

Em Teu colo amoroso entrego toda a minha ansiedade, para que a transformes em aceitação, paz, esperança e compaixão para com meus próprios erros.

Ísis, eu honro Tua Presença em minha vida, afirmando que o equilíbrio vive em Ti e de Ti emanam todas as graças.

Tua perfeição inspira, nutre e ilumina.

Que a glória eterna seja Teu destino.

E que a Tua presença beneficie todos os seres!

Assim É.

Gratidão! (3 vezes)

86

Kuan Yin

Kuan Yin
A Deusa Chinesa da Compaixão

Também conhecida como Kannon, Kwannon, Kwan Se Um, Kuan Te Am Basa, Quan'Am e Kanin.

Kuan Yin é a Deusa chinesa da compaixão, da doçura, da fertilidade, dos filhos, da maternidade e da Lua. Ela é a Grande Redentora, a Mãe das mães, padroeira dos marinheiros, a Mãe Doçura e a Voz Divina.

Cultuada na China e no Japão, Ela é "aquela que ouve os lamentos do mundo". Sua lenda conta que, após atingir a iluminação, Ela escolheu manter sua forma humana até que toda a raça humana cessasse seu sofrimento e se iluminasse. "Ela vive em sua ilha paradisíaca de P'u T'o Shan, onde, diz-se, ouve todas as preces", afirma Amy S. Marashinsky no livro *O Oráculo da Deusa*.

Outra versão de sua lenda conta que Ela era a jovem princesa Miao Shan, filha do rei Miao Chung. Ela se recusou a se casar, pois só queria se aperfeiçoar no caminho de Buda e aprender a curar, para livrar a humanidade das doenças e criar uma comunidade voltada para o bem, com igualdade de classes.

O pai, furioso, a enviou para um monastério, onde Ela só fazia as tarefas mais servis. Sabendo disso, o pai mandou incendiar o monastério, mas Ela deteve as chamas com seus poderes milagrosos. Então, após outras tentativas frustradas, ele mandou estrangulá-la, mas a Deusa da Terra, em forma de tigre, entrou no palácio e levou o corpo de Miao Shan para o submundo, onde os governantes aguardavam, ansiosos para conhecer a mortal de tão grande pureza. Chegando lá, Ela começou a recitar as escrituras e tudo se transformou num paraíso de alegria, por isso, retornou à vida e, devido à sua grande sabedoria, Buda a transformou em imortal.

Passados alguns anos, o rei ficou muito doente e só poderia ser curado com um medicamento feito com os olhos e as mãos de uma pessoa viva. Para salvar o pai, Miao Shan ofereceu-se para que lhe cortassem as mãos e lhe arrancassem os olhos. Quando ele se curou, compreendeu seus erros e pediu perdão à filha. Nesse momento, uma fragrância suave surgiu, flores choveram do céu e Miao Shan foi revelada como Kuan Yin, que subiu aos céus em um arco-íris, de onde até hoje abençoa e concede os desejos de todos aqueles que recorrem a Ela.

ORAÇÃO A KUAN YIN
Invoque-a para trazer luz e compaixão a situações desesperadoras e traumáticas

Mãe Divina, Mãe Sagrada de todos os seres!

Meu coração pesa de desesperança, incertezas e dor. Se há algo que minha inconsciência não permite ver, abre minha visão! Se isso tudo que me acontece é uma prova para testar minha persistência, fortalece-me para enfrentar e aceitar aquilo que é.

Se tantos revezes são um teste à minha fé, ajuda-me a encontrar a força e a entrega que vem de Tua Sagrada Presença!

Ouve meu pedido de socorro para uma mudança positiva na situação em que me encontro [*citar*].

Vem em meu socorro, amorosa Mãe Kuan Yin!

Empresta-me Tua sabedoria para compreender o que me é pedido e com isso finalizar as repetições e os enganos!

Derrama Tuas bênçãos sobre o meu processo de crescimento e consciência, amada Mãe Kuan Yin.

Que a Tua ânfora de bênçãos recaia sobre mim e me ajude nesta situação [*citar*]. Auxilia-me nesta questão, face misericordiosa da Grande Mãe! Ouve e atende meu pedido!

Eu acato e aceito o que vier, porque sei que mesmo que pareça vontade divina, é a minha própria escolha que está em ação. Porém, ajuda-me a compreender esta escolha e seus desdobramentos e ajuda-me a acessar a atitude interna e externa que permitirá uma solução feliz para esta situação em que me encontro.

Se a solução não é possível, ajuda-me a acessar a aceitação e a compaixão.

Teu amor tudo pode, amada Kuan Yin!

Tua compaixão tudo releva, Mãe Divina!

Tua misericórdia tudo ilumina!

Louvo Tua presença em minha vida,

Rainha dos desesperados e aflitos, Mãe misericordiosa.

Que Teu brilho de amor e centramento chegue a mim e a todos que necessitem de Tua presença salvadora!

Que todos os seres sensíveis sobre a Terra possam ser felizes e livres do sofrimento através da Tua ação amorosa. A Ti, Kuan Yin, aquela que ouve todas as súplicas, que a glória eterna ilumine!

Assim É.

Gratidão! (3 vezes)

92

La Loba

La Loba

A Catadora de Ossos
(México, América Central e do Sul)

"[...] Ela é circunspecta, quase sempre cabeluda e invariavelmente gorda e demonstra especialmente querer evitar a maioria das pessoas. Ela sabe crocitar e cacarejar, apresentando geralmente mais sons animais do que humanos.

Dizem que ela vive entre os declives de granito decomposto no território dos índios tarahumara. Dizem que está enterrada na periferia de Phoenix, perto de um poço. Dizem que foi vista viajando para sul, para o Monte Alban, num carro incendiado e com a janela traseira arrancada.

Dizem que fica parada na estrada perto de El Paso, que pega carona aleatoriamente com caminhoneiros até Morelia, México, ou que foi vista indo para a feira acima de Oaxaca, com galhos de lenha de estranhos formatos nas costas. Ela é conhecida por muitos nomes: La Huesera, a Mulher dos Ossos; La Trapera, a Trapeira; e La Loba, a Mulher-lobo.

O único trabalho de La Loba é o de recolher ossos. Sabe-se que ela recolhe e conserva especialmente o que corre o risco de se perder para o mundo. Sua caverna é cheia de ossos de todos os tipos de criaturas do deserto: o veado, a cascavel, o corvo. Dizem, porém, que sua especialidade reside nos lobos.

Ela se arrasta sorrateira e esquadrinha as montanhas e os arroios, leitos secos de rios, à procura de ossos de lobos e, quando consegue reunir um esqueleto inteiro, quando o último osso está no lugar e a bela escultura branca da criatura está disposta à sua frente, ela se senta junto ao fogo e pensa na canção que irá cantar.

Quando se decide, ela se levanta e se aproxima da criatura, ergue seus braços sobre o esqueleto e começa a cantar. É aí que os ossos das costelas e das pernas do lobo começam a se forrar de carne e a criatura começa a se cobrir de pelos. La Loba canta um pouco mais, e uma proporção maior da criatura ganha vida. Seu rabo forma uma curva para cima, forte e desgrenhado.

La Loba canta mais, e a criatura-lobo começa a respirar.

E La Loba ainda canta, com tanta intensidade que o chão do deserto estremece, e enquanto canta, o lobo abre os olhos, dá um salto e sai correndo pelo desfiladeiro.

Em algum ponto da corrida, quer pela velocidade, por atravessar um rio respingando água ou pela incidência de um raio de sol ou de luar sobre o seu flanco, o lobo de repente é transformado numa mulher que ri e corre livre na direção do horizonte.

[...] Não importa onde estejamos, a sombra que corre atrás de nós tem decididamente quatro patas."

Mulheres que correm com os lobos, Clarissa P. Estés

ORAÇÃO A LA LOBA
Invoque-a para restauração de pedaços de Alma perdidos.
Para retecimento e cura após acontecimentos traumáticos

La Loba, Velha Sábia, ouço o barulho de Teu saco de ossos. Sinto Tua presença farejando em busca de pedaços perdidos: são meus, Mãe Amada, são meus!

Traga-os para mim, através da bênção da Tua Presença.

Cura essa parte de mim que nenhuma terapia conseguiu devolver-me intacta.

Canta Teu canto poderoso e junta o que está disperso.

E na luz do Teu fogo sagrado, faz-me renascer inteira(o)! Devolve a totalidade que o trauma estilhaçou, Mãe Sagrada! Tece novamente meu corpo físico, espiritual e emocional, trazendo a luz e a evolução do trauma curado! Apaga a memória celular que conta histórias dilacerantes.

Canta Teu canto poderoso para animar minha Alma a habitar em totalidade meu corpo.

Tu que conheces o caminho, que conheces cada fenda do deserto, Tu que tens olhos que tudo vê, Tu que farejas, Loba, eu te invoco!

Tu que conheces a natureza dos ossos — da estrutura de cada ser vivente —, vem reunir-me, juntar-me, colar meus pedaços.

Fazer crescer de novo uma pele sem marcas.

Ajuda-me a estar plenamente presente no corpo. Coloca-me pronta para os relacionamentos, sem ter medo de ser rechaçada(o), ferida(o) ou abandonada(o), retece minha confiança nas pessoas.

Acima de tudo, Mulher Selvagem, ajuda-me a renegociar com o medo.

Fortalece minha coragem para estar mais perto de minha essência, para reconhecer o ser de valor e força em que me transformei.

Empodera-me diante do medo, La Loba, para que eu não me contenha em nenhum dos papéis que os outros ou a sociedade construíram para mim!

Ajuda-me a vencer o medo que paralisa, que me faz muitas vezes abandonar a pulsação de meu corpo físico!

Tu és o Puro Poder Feminino Manifestado, já que em Ti mora a sabedoria curadora de todas as mulheres do mundo. Por isso, Mãe Amada, eu rogo: coloca esse manancial de luz a meu serviço, iluminando os porões internos, especialmente os conteúdos negados, os nunca vistos, os escondidos.

Traz para a luz do sol o que precisa ganhar um sopro de vida novamente!

Que a Tua sagrada magia me reconstrua.

Que o Teu poderoso canto me desperte. Que a Tua presença libertadora me solte das amarras que me prendem a uma condição inferior de consciência.

Abençoada e assistida pela Tua Sábia Presença, que eu possa caminhar em liberdade, voltando a experimentar um mundo sem fronteiras novamente!

Graças Te dou, La Loba!

Que a glória eterna Te ilumine!

Gratidão! (3 vezes)

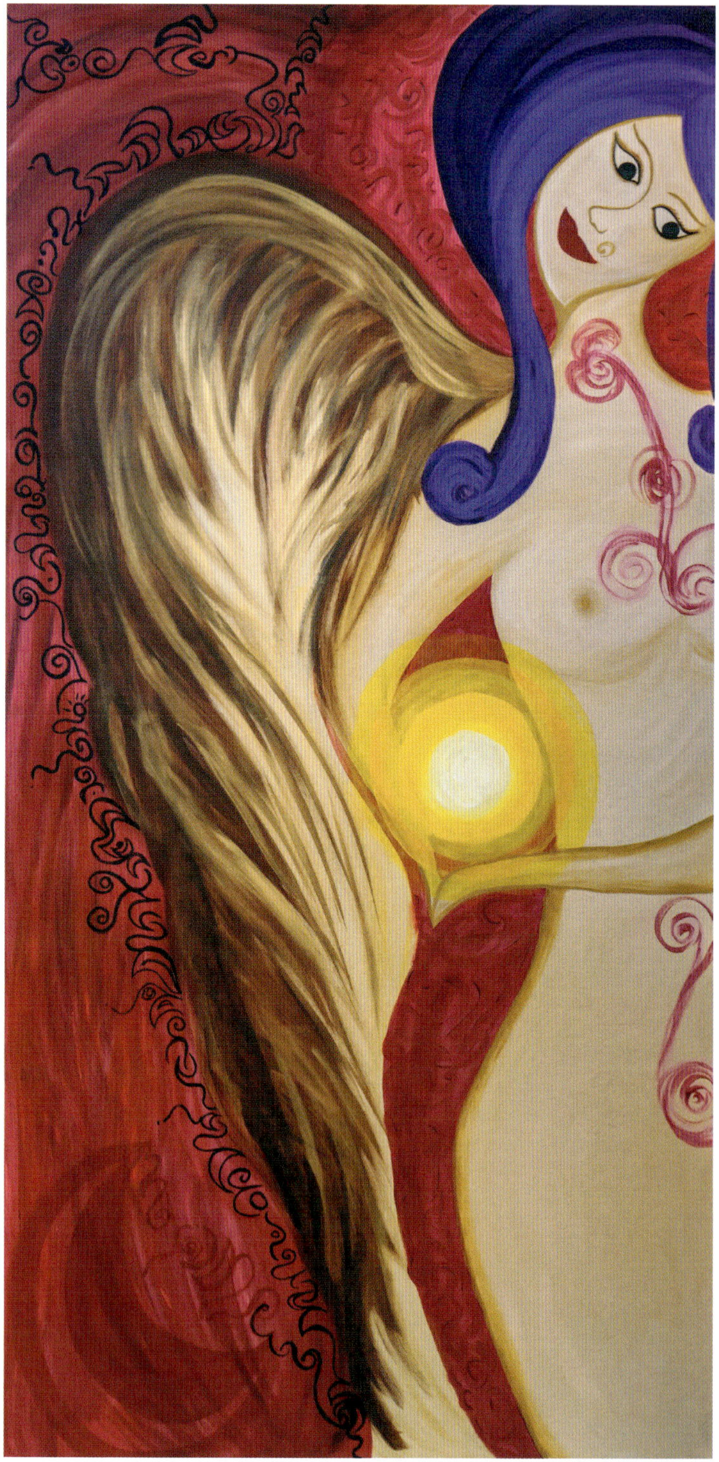

Lilith

Lilith
Rainha dos Céus
(Suméria)

100 Lilith, Deusa da Sabedoria, era ferozmente independente e de desejos fortes — ela não se importava com o que os outros pensavam sobre suas escolhas. Quando seu marido tentou dizer a Lilith o que ela podia e não podia fazer, ela abriu suas asas, elevou-se em direção ao céu e voou embora, recusando-se a voltar. Lilith deu à luz várias crianças e criou-as sozinha, mais tarde se tornando a protetora dos bebês recém-nascidos durante as primeiras semanas de vida deles. Ela é também considerada a deusa dos ventos noturnos, que conjura tempestades de todos os tipos."
Goddesses Burleigh Mutén

Lilith foi originalmente a Rainha dos Céus sumeriana, uma Deusa mais antiga que Inanna. Os hebreus incorporaram essa Deusa e a transformaram na primeira esposa de Adão, que se recusou a se deitar debaixo dele durante o ato sexual. Ela insistia que, por terem sido criados iguais, eles deviam fazer sexo de igual para igual. Como Adão não concordou, ela o deixou. Depois disso, na mitologia judaica, ela era descrita como um demônio.
O Oráculo da Deusa, **Amy S. Marashinsky**

ORAÇÃO A LILITH
Invoque-a para libertação em situações de opressão

Lilith, protetora dos recém-nascidos, Deusa selvagem e livre, manifesta-Te para me libertar. Para me ajudar a dar à luz um Eu sem medo, sem culpa, sem pecado!

Cura meu coração dos abusos sofridos, da violência engolida, do impulso negado.

Retece meu ser para que eu, como Tu o fizeste, abra minhas asas e voe para a libertação de meu Ser.

Tu, que foste mal compreendida por aqueles que temiam Teu poder, ancora luz no enfrentamento das trevas internas e externas!

Auxilia-me a compreender as armadilhas do outro e as armadilhas que eu mesma(o) construo para /'me autoboicotar.

Liberta-me de tudo o que me prende e impede o pleno florescimento das minhas potencialidades.

Liberta-me das influências espirituais que tornam meu grilhão mais forte e difícil de quebrar.

Afasta de mim os que me impedem de ver o caminho da libertação! Tu, que já trilhaste esse caminho, mostra-me a estrada certa, o rumo que me empodera, a chave que destranca o que me prende a esta situação de dor e sofrimento.

Tu és tão poderosa, tanta luz e tanto sofrimento guardas em Ti!

Aqueles que Te honraram, depois Te traíram e Te abandonaram. Mas eu reconheço e honro Teu Poder, Tua Força, Teus Dons.

Face selvagem da Grande Mãe, traz Tua luz para me libertar desta situação [*descreva aqui a situação que o/a aflige*].

À Tua Sabedoria Antiga confio /'meus anseios.

Em Teus braços abertos me aninho em esperança, fé e confiança. E, em reverência, desde já agradeço, dando meu testemunho de amor a Ti e a tudo /'o que representas.

Lilith, Deusa Desgarrada, o mundo precisa de Ti!

Eu preciso de Ti! Manifesta-te e atende meu pedido.

Que a glória eterna Te ilumine.
Assim É.

Gratidão! (3 vezes)

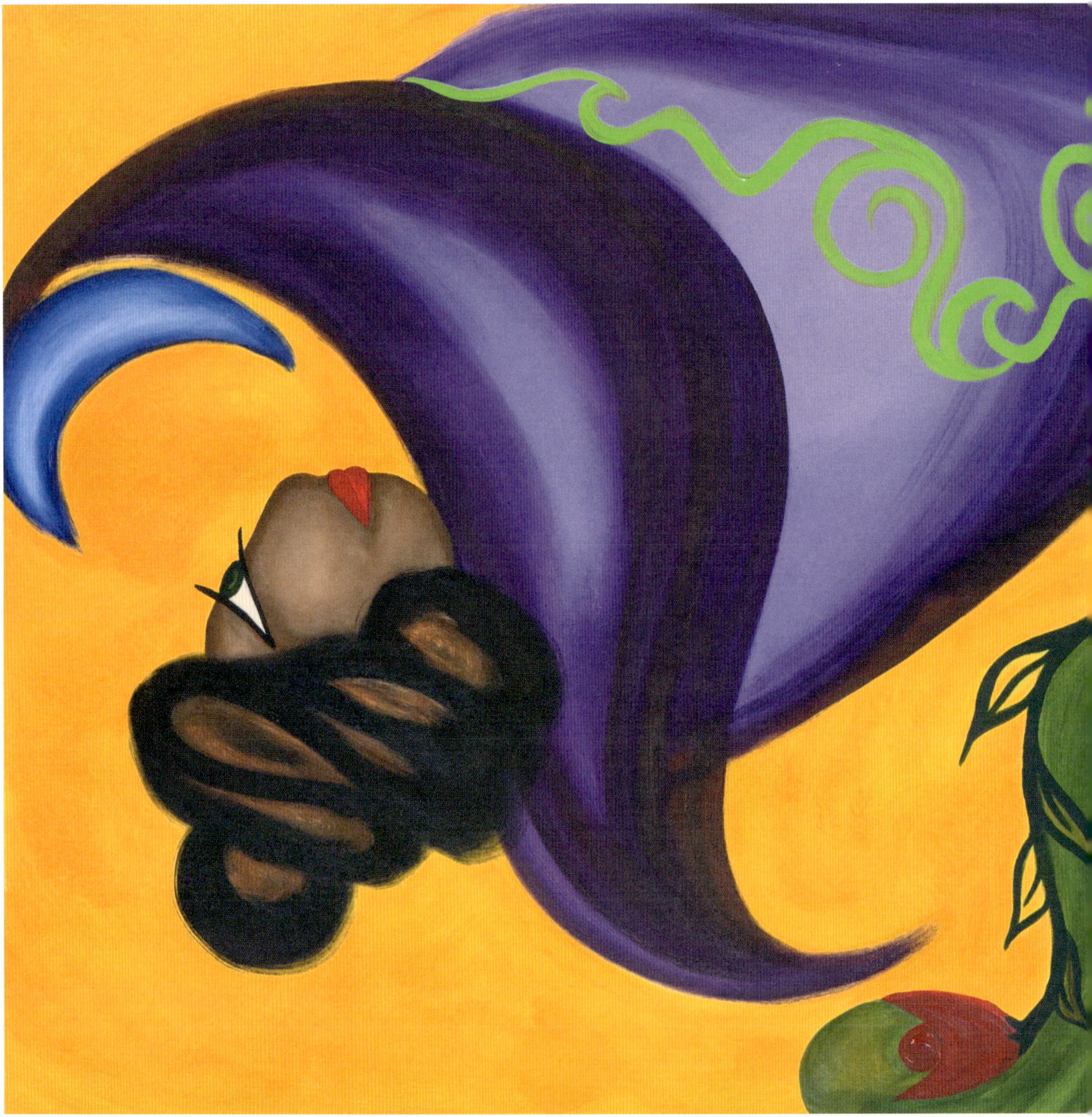

Nanã

Nanã
Deusa-Avó dos Pântanos (Afro-brasileira)

Também conhecida como Nanã Buruquê, a avó de todos os orixás, uma senhora curvada e doce, que na sua dança personifica as ondas do mar, os rios, as cachoeiras e os pântanos. É uma orixá da atmosfera, que controla o ar que respiramos.

É a protetora das crianças desamparadas e das donzelas, pois está ligada à compaixão e à maternidade.

Nanã é reservada, a Velha Sábia. Como protetora das crianças, tem ligação com as velhas benzedeiras e erveiras, tendo o agapanto, a avenca, o cedrinho, o cipreste, o gervão e o manacá como "suas ervas".

Na umbanda, suas cores são o lilás e o roxo; no candomblé, o azul-escuro.

Seu animal é a cabra branca; sua pedra, a turmalina; suas flores, a rosa e a palma-branca; seu dia, 30 de julho.

ORAÇÃO A NANÃ
Invoque-a quando quiser pedir a
"Visão" conectada com a Sabedoria

    Neste momento em que a fé e a esperança fraquejam, obscurecendo o que deveria ser claro, eu rezo a Ti, Nanã, Senhora dos Pântanos. Peço a manifestação de Tua Sabedoria Antiga através da Visão Clara, que coloca tudo o que é confuso em seu devido lugar.
    Nanã, Avó Divina. Tu, que encarnas a face da Velha Sábia, me dá acesso ao meu Eu Superior, me propicia um sonho esclarecedor, uma sincronicidade perfeita, um sinal inequívoco de qual é o caminho certo a tomar.
    E quando esses sinais surgirem, ajuda-me a confiar no meu discernimento e na guiança dos Seres de Luz que me inspiram e protegem.
    Nanã, Avó Sagrada, através de Tua presença plenamente ativada, traz-me clareza sobre as armadilhas da mente e os truques ardilosos dos Anjos Contrários, que me querem abaixo do padrão vibratório que já tenho capacidade e merecimentos para alcançar.

Neste momento, os infortúnios me deixam sem base e sem centramento. Falta-me a capacidade de ver o que não foi aprendido. Não estou conseguido identificar as áreas de mudança para nelas colocar minha consciência e minha vontade.

A Ti, Ser de Puro Saber, eu peço o pedaço que falta para que eu acesse a compreensão plena, que purifica e redireciona.

A Ti eu rogo, Mestra das Emoções, Nanã, Detentora do Puro Centramento, traz luz para o enfrentamento das Sombras internas e externas.

Eu oro pedindo uma visão clara, que me auxilie a discernir os caminhos de harmonia em meio a este caos.

Eu oro pedindo proteção total, Avó Divina, para que eu possa finalizar esta tarefa de aprendizado com sabedoria.

Acompanhada(o) de Tua Presença, que eu possa voltar desta jornada nos pântanos da incerteza trazendo a luz do entendimento e da evolução.

Purifica minha mente, esvazia meu ego, ajuda-me a entregar o controle a Ti. Assim, quando Teu sinal chegar, eu o verei com clareza.

Por fim, Sábia Nanã, eu me despeço rogando novamente que faças chegar a mim a "Visão", seja um sonho, uma intuição clara ou a palavra de um conselheiro de valor ou um curador capaz de acessar e trazer a chave que falta para o pleno entendimento.

Abençoa-me, Nanã, com Tua Presença Sábia. Desperta meu próprio Ser Sábio, ativando minhas propriedade do "Ver" e do "Sentir".

Sou Tua(Teu) filha(o) devotada(o), e em Ti deposito todas as minhas esperanças!

Que a glória eterna Te ilumine.

Assim É.

Gratidão! (3 vezes)

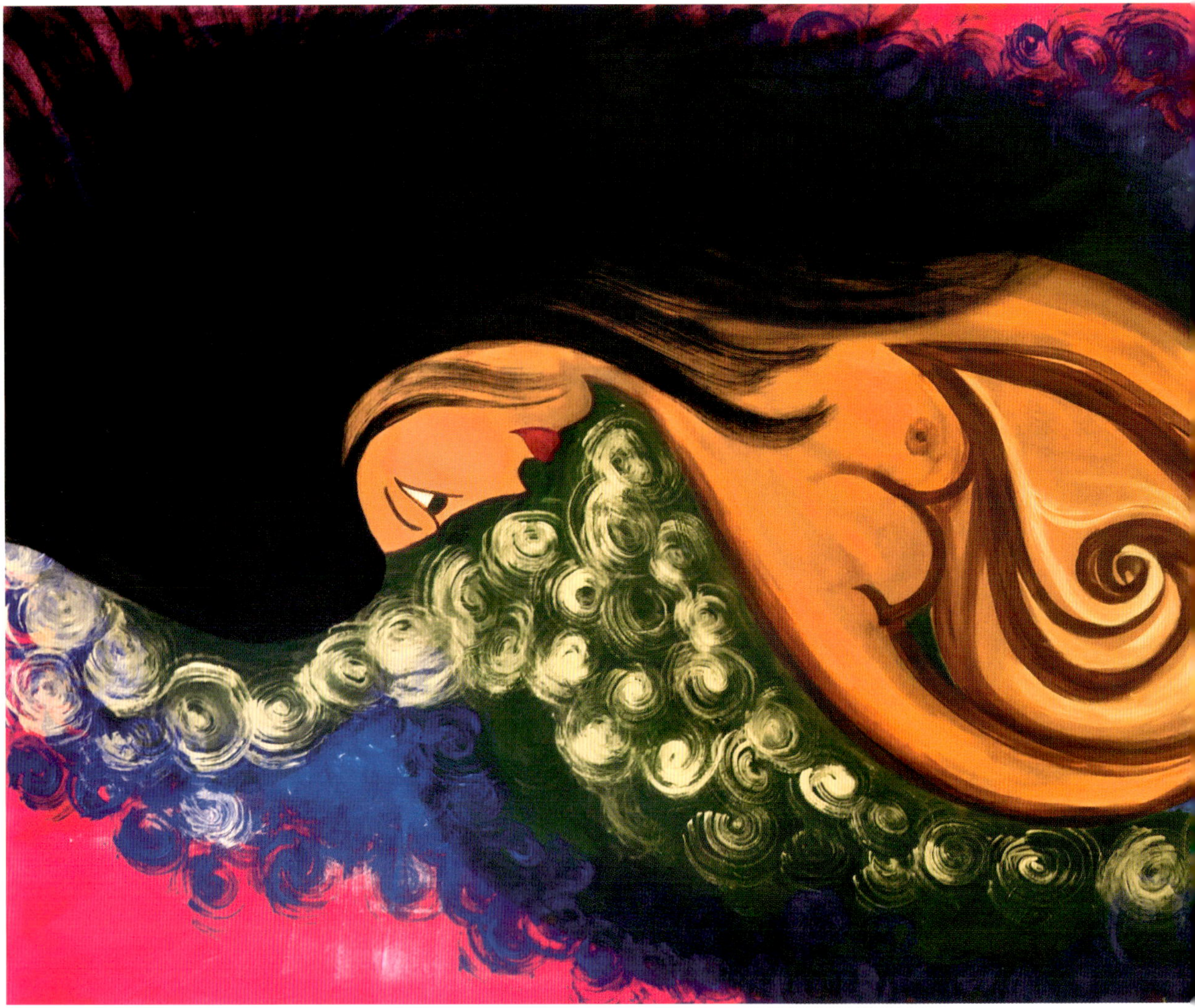

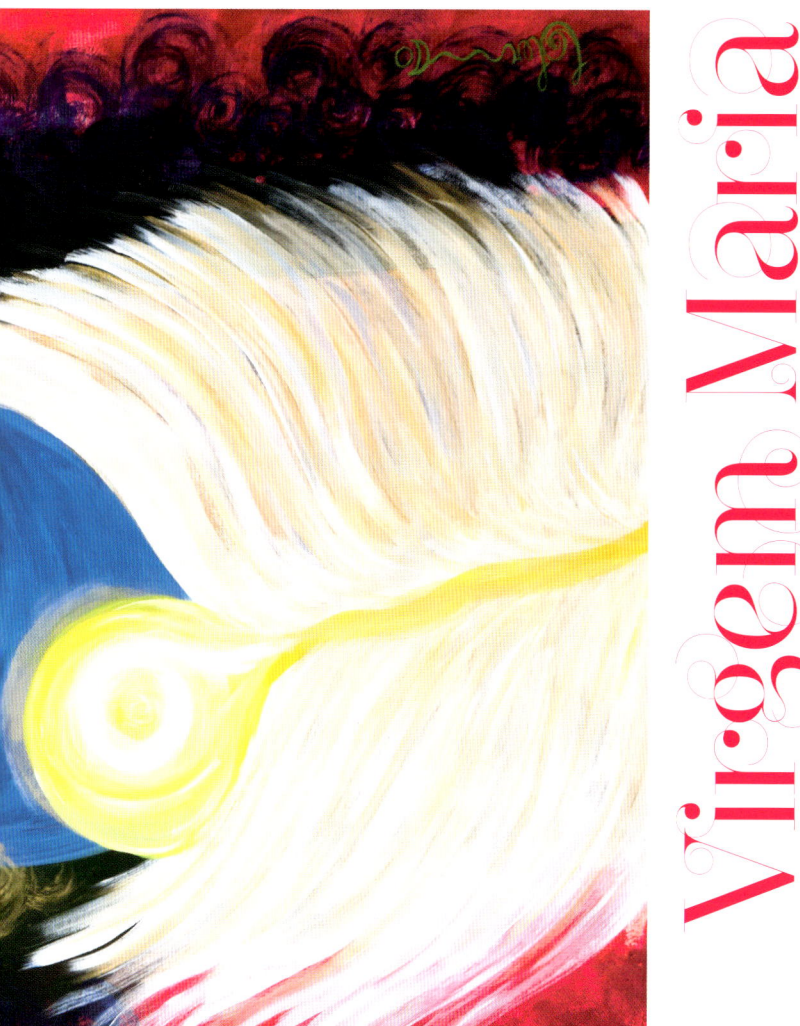

Virgem Maria

Virgem Maria
A Grande Mãe dos Cristãos

"Morgana seguiu a jovem para dentro da pequena capela lateral. Havia flores, braçadas de botões de flor de macieira diante da estátua de uma mulher com um véu, coroada por um halo de luz, e em seus braços ela carregava uma criança. Morgana respirou trêmula e abaixou a cabeça diante da Deusa.

— Aqui temos a Mãe de Cristo, Maria Santíssima. Deus é tão grande e terrível que sempre sinto medo diante de Seu altar, mas aqui, na capela de Maria, nós que fizemos voto de castidade podemos considerá-la nossa Mãe também. E, veja, aqui temos as pequenas imagens dos santos: Maria, que amou Jesus e lavou-lhe os pés com seus cabelos, e Marta, que cozinhou para ele e brigava com sua irmã quando ela não o fazia. Gosto de pensar em Jesus quando ele era um homem real capaz de fazer tudo por sua mãe, quando ele transformou água em vinho nas bodas, pois assim não haveria tristeza por não ter vinho para todos. E aqui está a velha imagem que o bispo nos deu, de seu país natal... Um de seus santos, seu nome é Brígida.....

[...] E Morgana inclinou a cabeça e sussurrou a primeira prece sincera que jamais dissera em qualquer igreja cristã."
As Brumas de Avalon, Marion Zimmer Bradley

Maria, Mãe de Jesus Cristo. Alguns autores, como Anne e Daniel Meurois-Givaudan, afirmam que Maria era descendente do Povo Antigo, o povo da Deusa, e foi escolhida por simbolizar o elo, que depois foi negado pelos profetas que fizeram os fundamentos do catolicismo. Ela está na faixa de vibração da Mãe Sagrada e de seu Filho Divino (como Ísis) e representa todo o poder de entrega a uma missão espiritual.

A minha versão da oração da Ave Maria:

Ave Maria, cheia de graça!
O Senhor É, convosco.
Bendita sois Vós para as mulheres,
e bendito é o fruto de Vosso ventre, o menino sagrado, Jesus!

Mãe Maria, Mãe de Deus
Rogai por nós, merecedores,
Agora e na hora de nossa morte, amém!

ORAÇÃO À VIRGEM MARIA
Invoque-a quando deseja rezar pelos seus filhos e pelo exercício sábio da maternidade

Mãe Sagrada, ao Teu coração misericordioso entrego minhas preocupações de mãe.

Que da Tua graça me venha a inspiração para gerenciar o crescimento deste(s) ser(es) que confiaste a mim.

Que eu possa, através da Tua Presença, ancorar toda a força, toda a sabedoria e toda a maturidade para completar minha tarefa de mãe com sucesso.

Que Tu amplies minha capacidade de nutrir, gestar, proteger, compreender. E também limitar e conter, quando necessário.

Que Tu me ilumines para saber a medida exata entre limite e opressão, proteção e excesso de zelo, cuidado e dominação.

Que o olhar de amor – que cura, nutre e empodera – esteja sempre presente na minha relação com meus filhos [*especificar*], apesar do cansaço, das preocupações e do medo.

Acima de tudo, Mãe Divina, liberta-me do medo de errar, de não ser boa o suficiente, de não ser madura ou sábia na medida certa.

Mãe Maria, Mãe Divina, liberta-me da noção de pecado e impotência, deixando no lugar desses sentimentos uma maternidade plenamente realizada, em todos os aspectos.

Nas horas de incertezas, doença, dor e sofrimento, Mãe, que a Tua luz seja um recurso e uma lembrança de que isso também passará.

Mãe Maria, ajuda-me a construir um lar que, independentemente do formato, possa nutrir e aninhar. Um lar onde haja calor, compartilha e verdade. Onde todos tenham espaço e encorajamento para crescer.

Ajuda-me a ter a sabedoria de nunca manipular emocionalmente meu(s) filho(s) para preencher com isso minhas lacunas nos relacionamentos. A não projetar sobre ele(s) minhas carências, meu medo e minha solidão.

E, na medida do possível, não envolvê-lo(s) nos problemas que eu tenho no relacionamento com o pai deles ou com outras pessoas da família.

Nossa Senhora, Tu que és herdeira da Grande Mãe dentro do mundo do Deus Pai, olha por nós, mães aflitas, mães preocupadas, mães ignorantes, ajudando-nos a reconhecer a mãe coragem, a mãe confiança, a mãe sábia que temos dentro de nós.

Ajuda-me a ser atenta, sem perder a espontaneidade e o riso. A ser firme, sem perder a ternura. A ser presente, sem anular minha presença no mundo.

A ser sábia, sem deixar de lado a criança-grande-que-brinca.

Maria, Mãe Sagrada, faz com que eu saiba preparar meu(s) filho(s) para o mundo. Aprontá-lo(s) para a missão que vieram realizar e não para finalizar os anseios e sonhos que não fui capaz de completar.

Ajuda-me a respeitar as diferenças de cada filho e a honrar a unicidade e os dons de cada um. Por isso, Nossa Senhora, rogo que Tua inspiração e Tua guiança me ajudem a perceber essas qualidades e a ser uma facilitadora do equilíbrio dos aspectos negativos que elas apresentam.

Mãe Divina, entrego-me à Tua Guiança e à Tua misericórdia!

Entrego em Teu colo macio meu (s) filho (s) [*citar nome(s)*] para que os possa guiá-lo(s) e protegê-lo(s).

Que o resultado da fertilidade de meu ventre seja, eternamente, uma prova de Tua Divina Presença entre nós!

Que a glória eterna Te ilumine.

Assim É.

Gratidão! (3 vezes)

114

Jeová

Jeová
O Grande Deus Pai dos Hebreus

Javé ou Yavé. Deus Imutável, Uno e Eterno. "Eu sou aquele que é."

O nome resulta da junção do tetragrama do Antigo Testamento YHWH com a palavra "adonay" (= Senhor) e daí surgiu YeHoWaH ou Jeová.

O Deus que se revela a Moisés e é posteriormente reconhecido como pai de Jesus. Algumas linhas consideram que Jesus seria o Jeová do Velho Testamento. Deus Uno, o Grande Deus criador, onipotente e onipresente.

O Pai Nosso da Era de Aquário*

*Pai Nosso que estás no Céu, santificado seja
Teu nome.
Venha a nós o Teu Reino, seja feita a Tua
vontade, assim na matéria quanto no espírito.
O pão nosso de cada dia dai-nos hoje.
Perdoa, Pai, nossas dívidas, assim como devemos
perdoar aos nossos devedores.
Ilumina-nos no caminho do bem.
Ajuda-nos a triunfar sobre os erros, os medos e
as tentações.
E livra-nos, Pai, de todo o mal.*

Que assim seja!

** Esta versão me foi ensinada num Centro
Espiritualista. Desconheço a autoria da versão.*

Arte curativa
parindo-me artista aos 48 anos de idade

Em final de 2011 fui a um fisioterapeuta e ele me recomendou fazer algo que eu não "usasse a mente", algo criativo, mas sem compromisso, como são todas as minhas outras atividades criativas, que exerço profissionalmente. Gostei da ideia e me lembrei de uma conhecida das rodas de dança da Mandala de Tara, e liguei perguntando, meio sem graça:

— Maria, você aceitaria dar aula de pintura para uma aluna sem talento?

Ela, um pessoa querida demais, me aceitou imediatamente. Me passou uma listinha de materiais e me pediu que fosse com duas telas. Eu comprei as menores que havia – 20 x 20cm. Cheguei lá e ela olhou as telinhas meio desanimada:

— Este é o tamanho que uso nas aulas que dou para as crianças.

Começamos. Ela me deu noções básicas da técnica – que pincel usar, como diluir a tinta, como cuidar do material. Escolhi uma fotografia e tentei reproduzir na "tela-de-criança". Ela, para me dar uma força – eu acho – disse que eu tinha um pincelada de quem tem experiência e perguntou, desconfiada:

— Você realmente nunca teve aulas de pintura?

Eu tinha tido umas aulas durante um único ano que frequentei um colégio de freiras, onde fazíamos telas a óleo daquele tipo que você quadricula a tela, copia, enfim, não exatamente "arte". Mas isso já fazia 33 anos.

Tive duas aulas, e para as próximas, comprei telas um pouco menos acanhadas. No final de semana pintei em casa uma Perséfone (Deusa grega do Mundo Subterrâneo) e outra com Perséfone e sua mãe Deméter, Deusa grega dos cereais. Quando minha professora viu essas duas telas ficou muito chocada, pois disse que não eram telas de uma iniciante. O pior – ou o melhor – eu ainda não tinha contado a ela. No final de semana em que pintei estas duas, tive um momento de frenesi criativo, em que me vi sem nenhuma tela em branco para pintar. Eu tinha uma tela de 65 x 165 cm que eu tinha feito aplicando umas mandalas de tecido. Puxei-a decidida da parede, retirei os tecidos com força e me pus a pintar uma grande Amaterasu, Deusa japonesa da luz. Foi uma "epifania". Eu me encontrei naquela tela grande, naquele espaço imenso para explorar. E comecei a cantar mantras e a dizer orações, e escrevi símbolos no verso da tela e – o mais diferente – passei a usar o floral Amaterasu dos Florais da Deusa para diluir as tintas, ao invés de água. E assim nascia a Arte Curativa: uma arte que tem por objetivo "emanar" determinadas energias de cura para o ambiente e as pessoas que entram em contato com ela. Eu brinco dizendo que são "florais de parede". E é importante salientar que não são pinturas canalizadas ou feitas incorporada mediunicamente – até porque nem sei como incorporar. Posso canalizar informações, mas não tenho as qualidades necessárias para permitir uma incorporação. Então, a minha taça que estava neste momento da minha vida abundante e cheia de presentes, vertia em quadros. Era como se aquele talento estivesse ficado estancado por 48 anos (a idade em que comecei a pintar) e agora corresse livre como um rio caudaloso. Fiquei tomada pelo "espírito da criação" – naquele ano, de maio a dezembro, pintei mais de 40 telas, todas enormes (nessa altura já as encomendava no fabricante) e fiz minha primeira exposição em dezembro de 2012, um ano forte.

Mas o mais emocionante vem agora: como estas telas vieram parar aqui nestas páginas?

Fazia alguns anos que eu tentava publicar o *Livro de Orações à Deusa*. Já tinha encomendado os desenhos para uma artista que trabalhava lindamente com guache, todos os dezessete desenhos estavam prontos, pagos, adequadamente liberados para publicação. Mas, de alguma maneira, o projeto não saía.

Depois de uns quatro meses pintando quadros, durante uma sessão de massagem com a massoterapeuta-mãos-de-anjo que me ajuda a processar minhas mudanças no corpo, eu tive uma percepção poderosa: as MINHAS telas é que deveriam ilustrar o *Livro de Orações à Deusa*! E me veio uma emoção e comecei a chorar tanto que nem conseguia falar – ali estava a peça que faltava para a publicação do livro!

E assim, me joguei à tarefa de pintar todas as Deusas cujas orações estariam no livro e de Jeová, que ilustra o Pai Nosso. Todas as telas foram pintadas com entoação de mantras, com símbolos, com Florais da Deusa, com rituais. Todos são "portais". Todos são "florais de parede".

Foram pintadas num quartinho de hóspedes que esvaziei e onde eu ficava soterrada pela telas gigantes e pela força das imagens nas paredes – uma espécie de "caverna mágica" onde eu passava TODAS as minhas horas livres e algumas noites inteiras, distraída do tempo.

E só fiz mesmo aquelas três aulas iniciais, porque não queria que a Mente – servida pela técnica – me engessasse na forma "adequada". E por não saber desenhar da maneira clássica, preferi ter formas que para mim traduzissem a energia da Divindade retratada. Por vezes é só um símbolo, por vezes é uma forma simbólica com um rosto, nunca sei como uma Deusa ou Deus quer se apresentar.

Hoje tenho um estúdio grande e, embora não esteja pintando com aquele frenesi inicial, sigo manifestando meu Ser e meu conhecimento sagrado através das cores, formas e da presença da energia das Deusas (principalmente) e dos Deuses (recentemente). E o melhor: com uma alegria, um contentamento, um senso de milagre – não somos de fato seres incrivelmente ilimitados, Querida Pessoa?

Palavras finais
quando a
Deusa falou
comigo

O Sistema de Cura Florais da Deusa é talvez a síntese mais completa que tenho da presença e da ação da Deusa em minha vida.

As pessoas costumam me perguntar com frequência como eu comecei os Florais da Deusa e se eu algum dia havia planejado este caminho. Bom, se alguém me dissesse há 20 anos que eu estaria no lugar que ocupo hoje, eu certamente creditaria a essa pessoa uma imaginação fértil!

Como muitas pessoas que ancoram sistemas de cura, sofri uma grande crise emocional, física e profissional, e aos 26 anos tive um acidente vascular cerebral (AVC) de pequenas proporções, mas suficiente para me deixar com sequelas que levei quatro anos para reverter. Foi como um raio: atingiu-me na grande-cabeça-que-pensava-muito.

Então, comecei a me abrir para a Espiritualidade e o caminho da consciência. Depois disso, foram seis anos estudando terapias diversas, enquanto ainda atuava como redatora publicitária. Depois de um retiro de quatro meses na Índia, meditando e praticando todos os dias, o caminho ficou claro: as flores, minhas irmãs amadas e iluminadas do Reino Vegetal. Porém, sempre me pensei como Terapeuta Floral. Fui uma autodidata feroz, estudava muito, importava livros da Inglaterra e dos EUA e lia sem parar, porque os cursos oferecidos não eram suficientemente profundos para saciar minha curiosidade.

Então, no verão de 2000, eu estava viajando com meu marido e meu filho mais velho, na época com menos de dois anos. Estávamos em silêncio, viajando pela maravilhosa Serra de Dona Francisca, cercados de árvores floridas de espinheiro. Em um determinado momento, comecei a "ler" informações sobre aquela planta e ver a sua linda aura branco-dourada. Imediatamente, passei a ouvir uma "voz" que me dava instruções sobre o novo sistema floral que eu deveria materializar. Não sou médium, não sou vidente e não sou afeita a coisas esotéricas; defino-me mais como uma pessoa mística. Foi um susto. Levei dois meses para me convencer a fazer a essência floral do espinheiro.

Daí em diante, apesar dos meus receios, tive tão grandes e imensas provas de que eu não estava "vendo coisas" que me entreguei apaixonadamente ao projeto. Chegava a ficar de oito a nove horas nas dunas e nos matos fazendo as essências. Sempre era "avisada" de quais flores deveriam ser usadas para cada feitio e as "via" em minha tela mental. Muitas delas eu nunca vira, e também o seu local me era indicado. Nunca houve erros, nunca houve enganos. E nas testagens que fiz de cada essência, os florais sempre confirmaram suas indicações.

No início, pensei que seria apenas o "Kit das 7 Gregas", como eu chamava, para ser usado em meu trabalho com os Círculos de Mulheres e no meu próprio consultório. Mas, de tempos em tempos, eu ficava sabendo que estava chegando "mais um pedacinho". Primeiro, recebi 48 Deusas. Depois, 48 Deuses, 72 Elementos, 71 Alquímicos Integradores (que já são os Anéis, com o Deus e a Deusa unidos em uma única energia) e mais 26 Elementos.

Hoje, toda a Linha Profissional está na Terra – 267 essências a serviço do equilíbrio e da evolução humana.

Lá pelo quarto dos sete anos que todo o Sistema demorou para "chegar", comecei a ficar inquieta: queria oferecer também um formato mais democrático, fácil de indicar e usar, e que chegasse a todas as classes sociais. Florais que pudessem ser vendidos e facilmente encontrados em qualquer lugar. Criei um novo formato para isso: florais pré-manipulados, que saem prontos de nossos laboratórios e, por isso mesmo, podem ser comercializados em vários lugares e não apenas em farmácias de manipulação.

Embora não fizesse parte do projeto original, recebi licença da Equipe Espiritual (16 Seres) para desenvolver a Linha Pré-Manipulados. São florais, borrifadores com florais, géis, óleos e cremes de massagem. São, enfim, o resultado da minha criatividade incontrolável quando se trata de experimentar novos formatos e maneiras de oferecer esta riqueza curativa a todas as pessoas, de todas as nacionalidades e classes sociais.

Se você quiser saber mais sobre esse trabalho, acesse: www.floraisdadeusa.com.br.

Biografia

Nasci em 1964. Sou gaúcha de Jacutinga, nome de pássaro e cidade natal de minha avó benzedeira, Nona Natalina, que recebeu minha mãe na hora de dar um filho à luz. Cheguei a Florianópolis em 1987, a princípio contra a minha vontade e seguindo os caminhos tortuosos do destino, para ficar seis meses, a trabalho. Aqui estou até hoje, feliz da vida. Esta é minha Avalon, meu lugar no planeta, para onde sempre fico feliz em voltar, porque a energia deste Ponto Sagrado do corpo da Mãe Terra me trouxe cura e evolução.

Sou graduada em Comunicação Social, com especialização em Publicidade e Propaganda pela Universidade Federal de Santa Maria (RS). Fui redatora de diversas agências, mas aos 26 anos, durante uma grande crise em todas as áreas de minha vida, um acidente vascular cerebral (pequeno, felizmente!) me fez procurar os caminhos espirituais.

Primeiro, fui curada energeticamente num Centro Espírita Kardecista, onde fui recebida sem perguntas e com amor. Fiz diversos cursos na área da Medicina Vibracional e participei de inúmeras vivências de autoconhecimento. Depois de um período sabático de quatro meses na Índia, em 1994, assumi em meu coração que meu caminho na propaganda estava esgotado e que queria trabalhar com cura. Na volta da Índia, ainda fiquei ligada à propaganda, enquanto continuava fazendo cursos e já atendendo com algumas técnicas em um consultório ao lado de minha casa.

A chegada de meu primeiro filho e o desejo de estar mais perto dele foram o impulso para deixar a propaganda definitivamente, apesar dos protestos e das muitas propostas recebidas para continuar atuando. Quando eu estava pronta por dentro, parecia que fazia anos que eu não era mais aquela redatora publicitária, embora, como vocês podem ver, não tenha largado completamente meu trabalho de redatora. Só que agora minha principal "cliente" – que me "encomenda" a maior parte dos trabalhos – é a Deusa.

Foi essencial na minha formação profissional a especialização em Trauma pela Foundation for Human Enrichment Somatic Experiencing e em Matrixworks Living Systems, nos Estados Unidos.

Hoje, dedico-me somente à cura, ao ensino, aos Círculos de Mulheres, a diversas propostas de workshops de autoconhecimento e – mais do que tudo na vida – sou a "guardiã do Caldeirão Sagrado" dos Florais da Deusa, técnica que cocriei junto com uma Equipe Espiritual com 16 irmãos e irmãs. Os Florais da Deusa são um infinito convite à minha curiosidade, à criatividade e ao senso de serviço, pois me permitem colocar em prática toda a experiência recuperada de cinco vidas trabalhando com as plantas e flores.

Sou também mãe de dois meninos, meus mestres mais exigentes. No mais, sou uma mulher como todas as outras: cheia de defeitos, atribuições e coragem, que neste livro oferece o resultado de quase duas décadas de dedicação ao trabalho de Ressurgimento da Grande Mãe.

Para conhecer mais sobre o meu trabalho, acesse: www.clerbarbiero.com.br

Bibliografia consultada

BOLEN, Jean Shinoda. **As Deusas e a Mulher**: Nova Psicologia das Mulheres. São Paulo: Paulus, 1990.

BOLEN, Jean Shinoda. **Gods in Everyman**: A New Psychology of Men's Lives & Love. Nova York: Perennial Library, 1989.

BOLEN, Jean Shinoda. **O Milionésimo Círculo**. São Paulo: Taygeta, 1999.

BRADLEY, Marion Zimmer. **As Brumas de Avalon**. v. 4. São Paulo: Nova Cultural.

CAMPBELL, Joseph; EISLER, Riane; GIMBUTAS, Marija; MUSÉS, Charles. **Todos os nomes da Deusa**. Rio de Janeiro: Rosa dos Tempos, 1997.

ESTÉS, Clarissa Pinkola. **Mulheres que Correm com os Lobos**. Rio de Janeiro: Rocco, 1999.

FAUR, Mirela. **O Anuário da Grande Mãe**. São Paulo: Gaia, 2001

MARASHINSKY, Amy Sophia. **O Oráculo da Deusa**. São Paulo: Pensamento, 1995.

MEUROIS-GIVAUDAN, Anne; MEUROIS-GIVAUDAN, Daniel. **O Caminho dos Essênios**. Rio de Janeiro: Objetiva, 1987.

MUTÉN, Burleigh. Goddesses: **A World of Myth and Magic**. Cambridge: Barefoot Books, 2013.

NEUMANN, E. **A Grande Mãe**: Um Estudo Fenomenológico da Constituição Feminina do Inconsciente. São Paulo: Cultrix, 1996.

PRIETO, Claudiney. **Todas as Deusas do Mundo**. São Paulo: Gaia, 2002.

QUALLS-CORBETT, N. **A Prostituta Sagrada**: A Face Eterna do Feminino. São Paulo: Paulus, 1990.

STARHAWK. **A Dança Cósmica das Feiticeiras**: Guia de Rituais à Grande Deusa. Rio de Janeiro: Nova Era, 1993.

STONE, Merlin. **Ancient Mirrors of Womanhood**. v. 1 e 2. Library of Congress Catalog Card Number, 1980.

TROBE, Kala. **Invocação dos Deuses**: Explorando o Poder dos Arquétipos Masculinos. São Paulo: Madras, 2001.

WILKINSON, Philip. **O Livro Ilustrado da Mitologia**. São Paulo: Publifolha, 2000.

WOOLGER, Jennifer Barker; WOOLGER, Roger J. **A Deusa Interior**. São Paulo: Cultrix, 1989.

Créditos das músicas do CD

1. Oração a Afrodite
Tema musical: Music for manatees

2. Oração a Amaterasu
Tema musical: Dream Culture

3. Oração a Atena
Tema musical: In my arms (fyxT044u)*

4. Oração a Bast
Tema musical: Inner light

5. Oração a Cerridwen
Tema musical: Revival

6. Oração a Deméter
Tema musical: Sovereign quarter

7. Oração a Durga
Tema musical: Persperctives

8. Oração à Grande Mãe
Tema musical: Infinite perspectives

9. Oração a Inana
Tema musical: Light Walk

10. Oração a Iansã
Tema musical: Firesong

11. Oração a Ísis
Tema musical: In the arms of home (G1iUBd)*

12. Oração a Kuan Yin
Tema musical: White Lotus

13. Oração a La Loba
Tema musical: The long Awakening (tz1ei7LBd)

14. Oração a Lilith
Tema musical: Parting of the ways (Part 1)

15. Oração a Nanã
Tema musical: Light wash

16. Oração a Virgem Maria
Tema musical: Summer Day

17. Ave Maria
Tema musical: Virtutes voices

18. Pai Nosso
Tema musical: Virtutes Instruments

19. Oração à Deusa Estrela
Tema musical: Revival

(Os direitos de todas as faixas pertencem à Incompetech, com exceção das assinaladas com um asterisco, que são da Audioblocks)